シン・インスタ運用術

アカウントを成功に導く5つの戦略

株式会社
トライバルメディアハウス
久保杏菜

本書に関するお問い合わせ

この度は小社書籍をご購入いただき誠にありがとうございます。小社では本書の内容に関するご質問を受け付けております。本書を読み進めていただきます中でご不明な箇所がございましたらお問い合わせください。なお、お問い合わせに関しましては下記のガイドラインを設けております。恐れ入りますが、ご質問の際は最初に下記ガイドラインをご確認ください。

ご質問の前に

小社Webサイトで「正誤表」をご確認ください。最新の正誤情報をサポートページに掲載しております。なお、正誤情報がない場合は、リンクをクリックすることはできません。

〈本書サポートページ〉

URL https://isbn2.sbcr.jp/23364/

ご質問の際の注意点

- ご質問はメール、または郵便など、必ず文書にてお願いいたします。お電話では承っておりません。
- ご質問は本書の記述に関することのみとさせていただいております。従いまして、○○ページの○○行目というように記述箇所をはっきりお書き添えください。記述箇所が明記されていない場合、ご質問を承れないことがございます。
- 小社出版物の著作権は著者に帰属いたします。従いまして、ご質問に関する回答も基本的に著者に確認の上回答いたしております。これに伴い返信は数日ないしそれ以上かかる場合がございます。あらかじめご了承ください。

ご質問送付先

ご質問については下記のいずれかの方法をご利用ください。

▶ Webページより

上記のサポートページ内にある「お問い合わせ」をクリックすると、メールフォームが開きます。要綱に従って質問内容を記入の上、送信ボタンを押してください。

▶ 郵送　郵送の場合は下記までお願いいたします。

〒105-0001　東京都港区虎ノ門2-2-1 SBクリエイティブ 読書サポート係

■本書に記載されている会社名、商品名、製品名などは一般に各社の登録商標です。本書中では®、™マークは明記しておりません。
■本書に掲載されている情報は、2024年7月現在のものです。本書の発行後にiOSならびにアプリケーションの機能や操作方法、画面が変更された場合は、本書の通りに操作できなくなる可能性があります。
■本書の出版にあたっては正確な記述に努めましたが、本書の内容に基づく運用結果について、著者およびSBクリエイティブ株式会社は一切の責任を負いかねますのでご了承ください。

©2024 Tribal Media House Inc.　本書の内容は著作権法上の保護を受けています。著作権者・出版権者の文書による許諾を得ずに、本書の一部または全部を無断で複写・複製・転載することは禁じられております。

はじめに

　Instagramは国内の月間アクティブユーザー数が2019年時点で3,300万人を超え、企業やブランドによるソーシャルメディアマーケティングにおいても活用の重要性が増しています。現在、重要性を理解した上で、多くの企業やブランドがビジネスアカウントを立ち上げて運用しています。一方で、運用しているものの本来の目的を見失い活用方法に迷う方も多く見受けられます。

　私はトライバルメディアハウスというマーケティング会社で、プロデューサーとしてInstagramをはじめとしたSNS戦略策定、アカウント運用・プロモーション企画に従事しています。また、社内外のセミナー登壇や大学講師としても、Instagramを中心としたSNSマーケティングを説いています。そのような活動実績から、Instagramの開発元であるMeta（Facebook Japan）社が提供している「Instagram Organic Playbook」内でInstagram運用に強い企業として紹介されています。

　本書では小手先の手法ではなく、マーケティング会社ならではの**ビジネス全体を俯瞰した上で考える戦略設計**や、多くの企業やブランドのご支援をする中で培ったノウハウを基にInstagram運用についてお話します。

- 企業やブランドのビジネスアカウントとしてInstagramを活用している方、したいと考えている方
- Instagramアカウントを顧客との重要な接点にしている方、したいと考えている方
- 普段からInstagramを利用中だが運用成果に伸び悩み、課題感がある方

上記に当てはまる方に是非、本書を手に取っていただきたいと考えています。

なぜInstagramをビジネスで活用するべきなのか

　Instagramは写真や動画を中心としたビジュアルコミュニケーションの場から、ユーザーのアクションを生み出す日常生活に密着したプラットフォームへと進化をしています。
　また、個人アカウント同士の繋がりだけではなく、**個人アカウントとビジネスアカウントの繋がりも強く、利用者同士のネットワークが広がり続けている**こともInstagramの特徴の一つです。

　現代の消費者は、店舗と顧客の単一でのタッチポイントではなく、通販、ECサイト、アプリなど複数のタッチポイントから購入場所

を選択することが可能です。複数のタッチポイントがあり、オフライン・オンラインに関わらず情報が溢れている現代での購買行動は大きく変化しています。

ネットとリアルを行き来しながら買い物する現代では、スマートフォンを活用してオンラインで商品購入前の情報探索や選択を行う「ウェブルーミング」と、その逆の行動として、オフライン店舗で情報収集や選択を行い、スマートフォンからオンラインで購入する「ショールーミング」という購買行動が見られます。この2つは、商品購入前の情報探索と商品購入時の購入場所や購入タイミングが異なるのです。

また上記のような行動だけではなく、ミックスされる場合もあります。私自身も洋服を購入する際、まずInstagramなどのWeb上で情報探索し、気になる商品の目星を付けます。その後、オフライン店舗に足を運んで実際の商品を手に取ってみます。その場で購入する時もありますが、改めてオンラインで購入することも多々あります。

このように、消費者は**情報探索や選定から購入までにさまざまなルートを通る**ため、Instagramへの参入や対応は各社、各ブランドで検討することが必須であると考えます。

本書を手に取っていただいた皆さんは、そんな特徴を持ち進化を続けているInstagramに期待し、可能性を感じてビジネスで活用していきたいと考えていらっしゃる方が多いのではないでしょうか。

既にアカウントを開設し運用してはいるものの、なかなか成果に結びつかない、正解が分からないと感じている方も多いかもしれません。

なぜInstagramのビジネス利用は難しいのか

　Instagramは多くのビジネスにとって強力なプラットフォームであり、成功する可能性が高い一方で、ビジネス利用の難しさもあります。

　Instagramは世界中で数十億人以上のユーザーが利用し人気のあるプラットフォームであり、個人利用はもちろん多くの企業やブランドが利用しています。そのため、アカウントや投稿がユーザーの目に留まり、ユーザーからアクションをしてもらうには競争が非常に激しい環境であることも事実です。
　企業やブランドが伝えたいことをただ一方的に写真や動画で投稿をしても、ユーザーの目には留まらず、ユーザーの心を動かすことはできないのです。
　また、Instagramはユーザーの体験や行動を強く重視しています。その特徴としてInstagramにはアルゴリズムという、**ユーザーの行動履歴に基づき、興味関心のあるコンテンツを優先的に表示する仕組み**が備わっています。さらに、アルゴリズムやInstagramの機能は、

ユーザーの体験や行動を基に、アップデートが日々繰り返されています。

これらの変化に合わせて、ビジネスアカウントでの発信や運用もアップデートをしていかなければ、増え続ける投稿やアカウントに埋もれてしまうのです。

ユーザーの行動を理解し、正しい戦略と実行をすることが重要

　このようにInstagramのビジネス利用は難しい面もありますが、適切な戦略と実行で多くの企業やブランドが運用に成功しています。消費者の行動やプラットフォームの特性を理解しながら、Instagramをビジネスで活用するための**正しい戦略と実行方法**をお伝えするのが、本書の役割です。

　本書では、適切な戦略を立てるために**「目的」「目標」「現状」「課題」「方法」の5つのステップ**に従って考えていく手法を解説します。さらに、アカウント運用において重要な日々の分析方法やすぐに実践できる具体的な運用術もご紹介します。

　ビジネス活用のためのInstagramアカウントをこれから開設する方も、既に開設して運用している方も、本書を通して1から学び、戦略を立て、実行に移していただけると嬉しいです。

2024年7月 株式会社トライバルメディアハウス 久保杏菜

目次

はじめに ……………………………………………………………… 003
目次 ………………………………………………………………… 008

CHAPTER 1 消費者の行動からInstagramを理解する 015

1-1 国内ユーザーはInstagramをどのように利用しているのか …… 016
日本でのInstagramの利用状況 …………………………………… 016
日本の特徴的なハッシュタグの使い方 …………………………… 017
消費者が購入する際に重視すること ……………………………… 020

1-2 Instagramの掲げる価値共創マーケティングを理解する …… 022
価値共創マーケティングとは ……………………………………… 022
価値共創マーケティングを重視する理由 ………………………… 023
ビジネス活用で押さえておくべきポイント …………………… 023

1-3 ユーザーは発信情報への"興味"からブランドを"認知"する …… 027

Instagramにおける商品購入までの流れ ……………………… 027
情報伝達の方法には2パターンある ……………………… 028
Webサイトと Instagramでの販売の違い ……………………… 030

1-4 アカウントの「ブランドサイト化」 …………………… 032
アカウントの作り込みが重要 ……………………… 032
Instagram外への誘導はハードルが高い ……………………… 033
ブランドサイトのような設計が重要 ……………………… 034
COLUMN ビジネスアカウントでできること ……………………… 035

CHAPTER 2 正しい運用目的がビジネスアカウント成功の鍵となる 037

2-1 Instagramの役割を理解する …………………… 038
マーケティング施策には適材適所がある ……………………… 038
「明日の売上づくり」への貢献 ……………………… 040

2-2 アカウントの運用目的＝売上向上は大きな落とし穴 …………………… 041
売上はマーケティング活動の集大成 ……………………… 041
売上を上げるための課題 ……………………… 042
Instagramが効果を発揮するタイミング ……………………… 044

009

2-3 売上に影響を与える要因 ... 047
売上に影響を与える最も重要な要素 ... 047
正しいアカウント運用の目的 ... 050

2-4 「購入前」と「購入後」のコミュニケーション ... 051
購入前後のアプローチ方法は異なる ... 051
購入前後どちらに重きを置くべきか ... 052

2-5 正しい運用目的から戦略を設計する ... 055
Instagramアカウントの正しい運用目的 ... 055
目的から段階的に戦略を考えていく ... 056

CHAPTER 3 アカウントの運用戦略／方針設計を行おう 059

3-1 Instagramでコミュニケーションを取るべきターゲットの考え方 ... 060
誰に向けたアカウントであるのか ... 060
ターゲットの切り口となる「トライブ」 ... 061
アカウント運用のターゲットを定める ... 063

3-2 Instagramの目的（KGI）と中間指標（KPI）を分けて考える ... 068

- アカウント運用の指標は何か ... 068
- KGIと相関のある指標とは ... 069
- エンゲージメント数・率の現状数字を把握 ... 071
- **COLUMN** エンゲージメント率の算出方法 ... 073

3-3 現状と課題の理解にはユーザー投稿が重要なヒントになる ... 074

- ユーザーが投稿にアクションするきっかけ ... 074
- 投稿に「琴線スイッチ」を含める ... 075
- Instagramでソーシャルリスニングを行う ... 075

3-4 現状に合うアカウントの型を選択する ... 081

- ビジネスアカウントには3つのタイプがある ... 081
- アカウントタイプを決める ... 088

3-5 コンセプト策定がアカウント成功の軸 ... 090

- コンセプト策定にはユーザーの理解が重要 ... 090
- ユーザーに届くコンセプトの考え方 ... 091

011

3-6 持続可能なアカウント運用を行うには投稿カテゴリー設計をする ………… 094
投稿カテゴリーを決める ………… 094

CHAPTER 4 ユーザーに届く投稿コンテンツを生み出すPDCAの回し方 111

4-1 基本アルゴリズム／投稿上位表示の「仕組み」を理解する ………… 112
Instagramのアルゴリズムとは ………… 112
投稿発見からフォローまでの流れ ………… 113
投稿をより多く表示させるには ………… 115

4-2 PDCAを回すための効果測定と分析の方法 ………… 119
効果測定の3つのステップ ………… 119
COLUMN 投稿インサイト情報の見方 ………… 126

4-3 いますぐ実践できる運用小技 ………… 131
運用改善の検証例 ………… 131
UGCの向上にはオリジナルハッシュタグが有効 ………… 138
PDCAを回して検証と改善内容を決定する ………… 140

4-4 投稿企画に躓いたら「ハッシュタグ分析」······ 142
ソーシャルリスニングから投稿企画のヒントを得る ······ 142

CHAPTER 5 必ず取り組むべきは「流入導線の明確化」である 147

5-1 投稿へのユーザー流入に寄与するハッシュタグ設計のポイント ······ 148
国内ユーザーに向けた投稿にはハッシュタグが効果的 ······ 148
Instagramハッシュタグの基本 ······ 152
どのようなハッシュタグを付ければ良いか ······ 154

5-2 ユーザーがフォローするかどうかは「プロフィール」が重要 ······ 160
プロフィール設計のポイント ······ 160

5-3 興味検討層への情報提供はストーリーズ／ハイライトを活用する ······ 163
ストーリーズ／ハイライトの特徴 ······ 163
すぐに実践できるハイライト ······ 164
ストーリーズは作り込みすぎない ······ 166

013

CHAPTER 6 | Instagramをフル活用する　167

6-1 アカウントの成長ステップを踏んでネクストステージに挑戦する　168
- 活用機能と施策の優先順位を決める　168
- ステップごとの施策と優先順位　169
- 成長ステップに合わせた投稿を行う　174

6-2 多様な機能を活用することでアカウントを充実させる　175
- おすすめ機能と活用法　175
- COLUMN ショッピング機能の利用条件　186

6-3 目的に合わせたキャンペーン設計のコツ　187
- キャンペーンの実施ステップ　187
- 目的別に有効なキャンペーンの実施　188
- プレゼントキャンペーンを行う場合のポイント　195

6-4 ブランドのパートナー化を目指す　197
- Instagram内でのブランドパートナー　197
- ブランドパートナーの見つけ方　200
- ブランドパートナーとの関係構築　202

索引　204

CHAPTER 1

消費者の行動から Instagram を理解する

- 1-1 国内ユーザーはInstagramを どのように利用しているのか
- 1-2 Instagramの掲げる 価値共創マーケティングを理解する
- 1-3 ユーザーは発信情報への "興味"からブランドを"認知"する
- 1-4 アカウントの 「ブランドサイト化」

CHAPTER 01

国内ユーザーはInstagramを どのように利用しているのか

年々アクティブユーザーが増えていると言われている
Instagramについて、まずは国内ユーザーの利用特性を掴みましょう。

» 日本でのInstagramの利用状況

　Instagramの運用戦略を考える前に、まずはプラットフォームの利用状況を具体的な数字から見てみましょう。Instagramユーザーの利用状況を把握することで、アカウントの方針設計や注力すべき機能の判断にも繋げることができます。

　ここでは、2022年9月に開催されたFacebook Japan（※Instagram運営元）主催のイベント「House of Instagram Japan」で発表された日本のユーザー属性や利用状況データの一部を紹介します。

- 国内のMAU（Monthly Active Users：月間アクティブユーザー数）は3300万人（2019年3月時点）
- ユーザーの男女比は男性43%、女性57%（2018年5～8月時点）
- 83%のユーザーがInstagramで製品やサービスに関する投稿を見て行動したことがある
- 25%のユーザーが過去1カ月間に保存機能を使って、投稿を保存した
- 44%のユーザーがブランドサイトやECサイトなどで後日商品の確認や購入をする
- 日本のユーザーのハッシュタグ検索回数はグローバル平均の5倍

　上記の利用状況から、Instagramが消費者の購買行動に影響を与えて

いることが分かります。そのため、Instagramは購買意思決定のプロセスの中で重要なプラットフォームであると考えています。

≫日本の特徴的なハッシュタグの使い方

　また、日本ならではの特徴として挙げられるのが**「日本のユーザーのハッシュタグ検索回数はグローバル平均の5倍」**ということです。

　これは、言葉で明確に示さず状況や文脈から想定してコミュニケーションが行われるハイコンテクストな日本語や日本文化が背景にあると考えられます。「空気を読む」「あうんの呼吸」「行間を読む」などの言葉もあるように、日本では文脈を察する力がないとコミュニケーションが成立しない場合があるのです。

　日本のInstagramユーザー間では、ハッシュタグはその言葉や投稿内の表現方法からハッシュタグ内の脈絡が付き共通言語化していることも少なくありません。

　例えば「#その瞬間に物語を」というInstagram上でのハッシュタグがあります。このハッシュタグではどんな投稿がされているか、皆さんは予想できますか？

　これはカメラや写真に興味関心のあるユーザーが作ったハッシュタグで、2024年7月時点で271万件もの投稿がされています。このハッシュタグが付いた投稿を検索してみると、物語やストーリーが浮かんでくるような、切なく儚い表現がされている写真が多く並んでおり、色味や表現が統一されています。このように日本人は詳細説明がなくとも、このハッシュタグがどんな意図や意味があるのか、どのような投稿が集まるハッシュタグなのかを対象のハッシュタグが付いた投稿の写真一覧から読み取ることができます。

　また、ブランドや商品と一緒に投稿するハッシュタグとして「#商品名」だけではなく「#商品名＋〇〇」といった表現の多様化も進んでいます。

ハッシュタグ「#その瞬間に物語を」が付いた投稿の一覧

ハッシュタグ「#ユニジョ」が付いた投稿の一覧

CHAPTER 1 消費者の行動からInstagramを理解する

例えば「#ユニジョ」は「ユニクロ女子」の略称であり、ユニクロやGUの購入品やコーディネートの投稿が集まるハッシュタグです。ただ単にユニクロやGUで購入したことを報告するものではなく、身近なブランドをお洒落に着こなすことができるノウハウがこのハッシュタグに詰まっています。

ブランドに関わらず趣味や所属を示すコミュニティハッシュタグも多く存在します。「#○○好きさんと繋がりたい」「#○○部」「#ちーむyymm」など、Instagramユーザーは特定のハッシュタグを使用することで、共通の興味関心やライフスタイルを持ったユーザーと繋がり集団化します。

これらの文脈やユーザーの真意はハッシュタグによって比較的分かりやすく可視化されていますが、写真や動画の表現にも散りばめられています。

≫消費者が購入する際に重視すること

SNS上のコミュニケーションはこれまで「WHO（誰が言ったか）」もしくは「WHAT（何を言ったか）」が重要とされる世界でしたが、Instagramの活性化によって身の回りのモノやコトをどのように楽しんでいるのかという、**「HOW（どんな文脈で）」**の表現も重要になってきています。

また、消費者は「この商品・サービスを手に入れた自分は何なのか、どうなるのか」という手にした際の文脈を重視するようになってきていると考えられます。

情報が溢れ、消費者が必要な情報を取捨選択している現代では、従来

の一方的かつ露出量を重視した情報伝達で認知は獲得できたとしても、ブランドや商品に対する理解や好意、購入には響きづらい状況です。

　そのため、Instagram上でのターゲットの文脈やユーザーの真意を正確に読み解き、戦略的にアプローチしていくことがInstagramのビジネス活用において成功するために重要なポイントです。ターゲット層やユーザーの分析手法については、3章で詳しく解説します。

> POINT
>
> ・ユーザーはハッシュタグや投稿からどんな自分を表現しているのか、ユーザーの真意や文脈を正確に読み解くことがコミュニケーション設計の鍵となる

CHAPTER 1-2 Instagramの掲げる価値共創マーケティングを理解する

ユーザーを理解することの他に、Instagramの特徴的な考え方を理解する必要があります。それは、「価値共創マーケティング」という概念です。

》価値共創マーケティングとは

　1章1節でお伝えした通り、Instagramユーザーは単純に写真や動画を見るだけではなく、Instagramの機能で実施できるアクションやハッシュタグを中心としたコミュニティで人との文脈的な繋がりやコミュニケーションを楽しんでいます。

　そのようなユーザーの利用動向からInstagramが重視している**「価値共創マーケティング」**があります。ブランド発信の一方的なコミュニケーションだけではなく、消費者と一緒にブランドの価値を創り上げることを推奨しているものです。

　ここでいう「価値」とは、純粋に市場でのモノやサービスの取引で得られる価値（交換価値）だけではなく、**使用を続けるたびに（経験や体験を重ねるたびに）、使用者の中に積み重なる価値（文脈価値）**を指しています。

交換価値（Exchange Value）

　交換価値は、経済学において主に取引や交換における価値を指します。これは市場での対価との引き換えに手に入れることができるモノやサービスを示し、**商品やサービスが市場で取引される際の価値**を表現します。

文脈価値（Contextual Value）

　文脈価値は、特定の文脈や状況において物事の価値がどのように評価されるかを指す概念です。この価値は、個人の経験、ニーズ、文化、状況などに依存し、単なる絶対的な価値や市場価値だけで評価できないものを表現します。商品やサービスが特定の状況や場面でどれだけ有用であるか、個人にとってどんな意味を持つかに焦点が当てられます。**商品やサービスを利用することで消費者が経験できるストーリーとしての価値**を表しています。

≫価値共創マーケティングを重視する理由

　「モノ」よりも「コト」主義がトレンドになってきており、各社の技術が進化し類似商品が増え続けている現代では、商品・サービスの便益性だけでは差別化が図りづらく、消費者は文脈価値を重視するようになっています。Instagramは**消費者の価値観が「交換価値」から「文脈価値」に変化**していることに着目し、ブランドとユーザーが継続的に高め合う価値共創の理念を重視しています。

≫ビジネス活用で押さえておくべきポイント

　Instagramは「大切な人や大好きなこととあなたを近づける」というミッションに基づき、各ユーザーにとって興味がある投稿のみ表示します。この仕組みはアルゴリズムと言われており、ここにも「価値共創マーケティング」の概念が反映されています。

　自分のサービスやブランドの投稿がユーザーに表示されやすい環境を作るためには、Instagramの掲げる理念を理解した上で正しいコミュニケーションを行うことが大切です。ここでのポイントを押さえておきま

しょう。

●ポイント①：顧客と一緒にブランドの価値を創り上げる

　Instagramの掲げる価値共創マーケティングは、書籍『R3コミュニケーション―消費者との「協働」による新しいコミュニケーションの可能性』（恩藏 直人、ADK R3プロジェクト著、宣伝会議、2011年）で語られている共創価値を高める「3つのR」をベースに考えることができます。
　「3つのR」とは、「企業・ブランド」と「一般消費者」という従来の二者コミュニケーションから、「支援者・サポーター」を加えた三者間へ移行し、その三者の関係の中でブランドの自分ゴト化（Relevance）、評判化（Reputation）、パートナー化（Relationship）が行われるといった理論です。
　個々人の情報の最適化が促進される現代では、消費者は従来のブランドからの一方的な情報発信におけるブランディング（Relevance）だけでブランドを評価しなくなり、第三者の捉えるブランド価値（Reputation）を重視します。第三者の捉えるブランド価値とは、商品を使い続けることで得られる文脈価値を意味します。さらにブランドの価値を形成するためには、Instagram上で確認できる顧客の声に向き合うことの他に、ファンやクリエイター（インフルエンサー）とのコミュニティ形成（Relationship）も、投稿量や施策実施タイミングなど公式アカウントとのバランスを考えて取り組むべき事項です。コミュニティ形成については6章4節で詳しく説明します。

●ポイント②：価値共創は双方の　コミュニケーションにより促進される

　価値共創は双方向のコミュニケーションにより促進されるため、**Instagramではアカウント同士でのコミュニケーション（いいねや保存、コメントなどのアクション）が重視**されています。ただ一方的な情報提供や投稿発信をして終わりではなく、**消費者と同じ目線での発信**が求め

られます。消費者と同じ目線に立つためには、Instagramでユーザーがどのような発信を行い、ユーザー間での情報交換がどのようにされているのかを理解し、こちらからの**発信の先にどんなアクションやコミュニケーションを生むことができるのか**を意識した運用が必要となります。

● **ポイント③：継続的な取り組みが価値共創を実現させる**

価値共創は一度の投稿やアクションで効果を発揮するものではなく、**継続的に取り組むことで将来的な売上のベースラインまたはLTV（Life Time Value：顧客生涯価値）に貢献**します。Instagramを直近的な施策として考えるのではなく、コミュニケーション形成のための取り組みとして捉え、長期的に計画と実行を行うことが求められます。

Instagramはこれら3つの価値共創の理念ポイントに沿って、アルゴリズムをはじめとする、**ブランドとユーザーの双方向のコミュニケーションによりエンゲージメントが起きやすい仕組みを持ったプラットフォーム**として設計されています。

Instagramの掲げる価値共創マーケティング

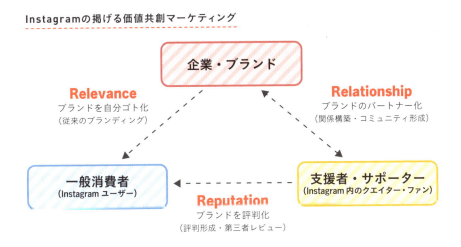

これらを踏まえた上で、アカウントでのコミュニケーション方法や投稿コンテンツの設計をすることが、Instagramのビジネス活用に向けた効果最大化への近道となるのです。

> POINT
> - Instagramはユーザーの経験やストーリー、感情を表現した「文脈価値」そのものであり、その価値をブランドとユーザーが共に創り上げる「価値共創マーケティング」の理念に基づいた仕組みが備わっている
> - 「価値共創マーケティング」の理念を理解した上でアカウント運用を行うことが重要

CHAPTER 1-03

ユーザーは発信情報への"興味"からブランドを"認知"する

Instagramではユーザーの利用特性から通常の購買とは異なるプロセスが生じています。独自のユーザー導線を正しく理解しましょう。

≫Instagramにおける商品購入までの流れ

　アルゴリズムの説明にもあった通り［≫p.23参照］、Instagramの大きな特徴として、**各ユーザーのアクション傾向からユーザー自身の「興味関心」に基づいてコンテンツが表示される**という設計があります。ブランド名を知ってから商品に興味を持つのではなく、検索やフィードなどのInstagramのおすすめに上がる投稿に「興味関心」を持ち、その後にブランドを「認知」するため、アカウントフォローや購入といった行動を起こしやすくなります。

　また、Instagramには投稿に商品のタグを付けることで、直接商品ページにアクセスして購入することができるショッピングタグ機能があります。**ユーザー自身の「興味」からスタートしてブランドに「出会い（認知）」、そのまま「購入」までできる機能導線**がInstagramには備わっているのです。

027

購買行動プロセスの違い

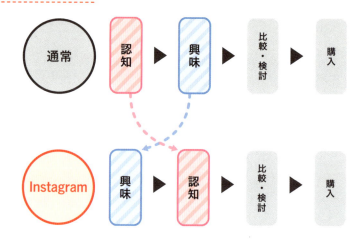

»情報伝達の方法には2パターンある

　ブランドが運営し、情報を発信するWebサイトとInstagramを比較すると分かりやすいのですが、情報伝達やコミュニケーションの方法には「PULL型」と「PUSH型」があります。Webサイトは「PULL型」であるのに対して、Instagramはどちらも備えています。

PULL型コミュニケーション

　PULL型コミュニケーションは、情報やリソースを必要なときに引き出す形式のコミュニケーションです。Web検索を通じて必要な情報を検索することは、PULL型のコミュニケーションの一例です。このコミュニケーションのポイントはユーザー側が情報にアクセスするという点にあります。

PUSH型コミュニケーション

　PUSH型コミュニケーションは、情報を欲している受け手や、その情

報がマッチするであろう受け手に対して積極的に情報を届ける形式のコミュニケーションです。メルマガや広告、アプリのプッシュ通知などはPUSH型コミュニケーションの一例となります。受信者がアクティブに探さなくても情報を受け取ることができるのが特徴です。

WebサイトとInstagramの情報伝達の比較

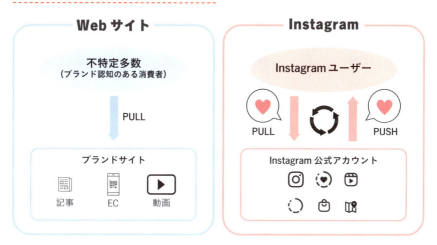

「PULL型」であるWebサイトによる情報伝達には、下記の特徴があります。

- ユーザーはブランドやサービス名で指名検索をして訪れるため、ブランド認知のある人を待つ状態
- ユーザーはサイト内で目的を果たすとリピートして訪れることが少ない
- 情報を取得できるものの、コミュニケーションが発生しないため感情的な繋がりを作ることは難しい

一方で、「PULL型」と「PUSH型」のハイブリッドであるInstagramによる情報伝達には、次のような特徴があります。

- 多機能ゆえに多面的アプローチが可能
- ユーザーとブランドが興味関心軸で繋がるためリピートして訪れることが期待できる
- コミュニケーションを通して感情的な繋がりを作ることができる
- １つの販売場所、チャネルとしても成立する（ショップ機能）

≫WebサイトとInstagramでの販売の違い

　Webサイトへの流入者はブランドを既に知っている言わば「認知」してから訪れる消費者です。WebサイトのようなPULL型のコミュニケーションは「指名検索」と言われ、**どれだけの人にブランドを認知してもらいサイトに訪れてもらえるか**が重要となります。ブランドを既に知っているからこそ、商品特性が自分に合っていたり、欲しいている条件を満たしていたりすれば購入に繋がるため、**指名検索からの購入率は高い**とも言われています。ただ、指名検索をしてもらうためには、まず知ってもらうことと検索してもらうためのニーズ設計が必要となり、一定の量の流入を獲得する必要があります。また、あくまで商品情報の取得を目的としているため、その場で購入検討するための最適な情報を得られない場合には、リピート訪問や購入アクションには繋がりづらく、感情的なブランドとの繋がりを作ることは難しい場合が多いです。

一方、Instagramでは、「認知」してから訪れる消費者と「興味関心」から繋がりを持つ消費者のどちらからの流入もあり、さまざまな機能を通して接触することができます。そのため、一度の訪問で終わってしまわずに**リピート訪問も期待でき、双方向のコミュニケーションを経て感情的な繋がりを作る**こともできるのです。その場ですぐに購入に至るケースと、長期的なコミュニケーションを経て、再検討を重ねて購入に至るケースがあるためInstagramは**顧客育成にも適している**と言えます。

> POINT
> ・Instagramでは双方向のコミュニケーションを経て、感情的な繋がりを作る長期的な顧客育成を目指す

CHAPTER 1-4 アカウントの「ブランドサイト化」

Instagramでは「認知」層だけではなく「興味関心」層の流入も
見込めるため、未認知層にも伝わるアカウント設計が重要です。

≫ アカウントの作り込みが重要

　数年前までは、Instagramで新たな発見をして、他プラットフォームやWeb検索で二次検索を行うというユーザー行動が多いと言われていました。しかし、Instagramのアップデートによって機能が充実し、アカウントは**Instagramプラットフォーム内でほしい情報が全て手に入る「完結型」**として機能していくと考えています。そのため、Instagramでは他SNSプラットフォームよりも、アカウントの作り込みやユーザーの回遊導線設計、情報設計を行う必要があります。

　Instagramは写真や動画などのビジュアルで表現を行うプラットフォームのため、世界観の作り込みができることも特徴です。ただ投稿をするだけではなく、プロフィールに訪れた際に目に入る複数の投稿のブランドの色、スタイル、トーンなどの視覚的な一貫性が重要です。

　また、Instagramには投稿以外にもストーリーズをカテゴリー毎にまとめてプロフィールに固定することができるハイライト機能など、ユーザーがアカウント内を回遊するための機能も備わっています。これらの機能を活用して、アカウント自体をブランドサイトのように作り込んでいきましょう。

他プラットフォームの二次検索からInstagram内完結へ

　この話をすると、Instagramからブランドサイトやセサイト、他サイトへの流入を狙う意図であえて情報を出しすぎないようにしていると言う方がいます。しかし、まず前提として認識しておきたいのは**「ユーザーは利用しているプラットフォームから他への移動、遷移のハードルが高い」**ということです。

≫Instagram外への誘導はハードルが高い

　Instagramにはブランド情報を知ることを目的にアカウントを訪れている（PULL型）ユーザーばかりではなく、Instagramからおすすめされて何となく興味を持って訪れた（PUSH型）ユーザーが多数います。そのため、より詳しい情報を手に入れたいとInstagramを離れてまで意欲的に情報を調べようとする熱量高いユーザーは限られます。大多数のユーザーは、情報が手に入らないのであればこのアカウントは有益性がないと判断して、他の投稿やアカウントへと移動し導線から離脱してしまうの

です。

≫ブランドサイトのような設計が重要

　そのため、私はアカウントには情報を出し惜しみなく、機能をフル活用してブランドサイトのように設計をしていく必要があると考えています。

　ブランドサイトを作成するときには、訪問者に魅力的で信頼性のある体験を提供し、ブランドの価値観やメッセージを効果的に伝えることを重視し、シームレスに充実した情報を届けようと意識すると思います。同じようにInstagramアカウントも、誰に、何を、どのように伝えるのか、細かな戦略設計が必要となるのです。

> POINT
> ・「未認知層」にも伝わるように、シームレスに充実した情報を届けるアカウント内「完結型」を目指した設計を行う

COLUMN

ビジネスアカウントでできること

ビジネスアカウントへの切り替えは、Instagramアプリのアカウント設定画面から可能です。切り替えると主に次の機能を利用することができます。

ビジネスアカウントへの切り替え

プロフィールページの右上タブから「設定とアクティビティ」画面へ

「プロフェッショナル向け」の「アカウントの種類とツール」をタップ

「プロアカウントに切り替える」をタップ

COLUMN

1：インサイト

　フォロワーの属性等の情報や投稿に関するアクション数を確認することができます。反応の良い投稿の分析が可能になり、より効果的にフォロワーとのエンゲージメントが図れます。フォロワー数が100名以上の場合、フォロワーの拡大状況（獲得したフォロワーや失ったフォロワーの数）、フォロワーが多くいる地域、年齢層やInstagramで最もアクティブな時間帯等が分かります。

2：問い合わせボタンの表示

　電話番号、メッセージ、メールや店舗までの道のり等を掲載することが可能です。
　ぐるなび加盟店のうち、ネット予約機能を利用している飲食店の場合「席を予約する」機能も利用可能です。

3：ショッピングや注文を促す機能

　一部条件を満たしたアカウントのみ［≫p.186参照］、ショッピング機能を追加することが可能です。詳しくは下記のガイドから確認できます。

ガイド：https://business.instagram.com/shopping/setup#setup-guide

4：アプリ内から広告を出稿

　投稿を広告として出稿することもできます。ターゲット、期間、予算などを指定するだけで、既存の投稿を広告としてInstagramのアプリ内から簡単に出稿可能です。

CHAPTER 2

正しい運用目的が ビジネスアカウント成功の 鍵となる

2-1 Instagramの役割を理解する

2-2 アカウントの運用目的
＝売上向上は大きな落とし穴

2-3 売上に影響を与える要因

2-4 「購入前」と「購入後」の
コミュニケーション

2-5 正しい運用目的から
戦略を設計する

CHAPTER 2-1 Instagramの役割を理解する

アカウントの目的を定める前に、まずはInstagramがビジネスとしてどのような役割を担っているのかを知っておきましょう。

≫マーケティング施策には適材適所がある

　規模の大小に関わらず、企業やブランドはビジネス成功のためにさまざまな手法や施策を実施します。ここで言うビジネス成功を「商品やサービスが売れること」とすると、成功に向けて商品やサービスが売れる仕組みや仕掛けを作ることは「マーケティング」と定義されています。このマーケティングを通して、消費者へのアプローチやコミュニケーションを取ることができる手法の一つにInstagramを含むSNSが存在します。

　本書はInstagramアカウントの戦略本ですが、Instagramの活用のみにフォーカスして考えるだけでは**手段の目的化に陥りやすく、誤った戦略設計をしてしまう危険性**があります。
　そのため、本章では当社のノウハウとしてお話しているマーケティングの基礎知識を分かりやすく解説した上で、**Instagramの正しい運用目的**とは何かについて説明します。

　まず押さえておきたいポイントは、数あるマーケティング手法や施策が効果を発揮するには各々の得意、不得意な領域がある、ということです。消費者へのアプローチやコミュニケーションを取ることができる手法には、テレビCMや広告、サンプリング配布やタッチ&トライができるイベントなどがあります。これらの各マーケティング施策の得意領域

がどこに位置するのかを表す一例の図が下図です。

各マーケティング施策が有効なフェーズの一例

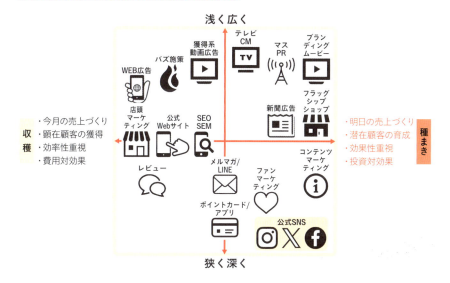

　縦軸は**シェアを「浅く広く」または「狭く深く」とるか**を基準にしています。上にいくほど認知獲得、企業やブランド、商品を知ってもらう広さを重視した施策です。一方、下にいくほど消費者やユーザーとの関係性構築、コミュニケーションの深さを重視した施策になります。

　例えば、テレビCMは大多数の消費者へ情報を届けることができるため、シェアを広くとれる施策です。イベントはテレビCMのように大多数の消費者へ届けることができないものの、実際にサービスや商品に触れることや体験することができるため、消費者がブランドとの関係性を深めることができる施策です。

　そして横軸は**「顕在顧客の獲得」または「潜在顧客の育成」に繋がるか**を基準にしています。左にいくほど、既にブランドや商品ジャンルへの興味関心が高く、具体的に商品やサービスを比較検討しているなど、ニーズが顕在化している消費者を効率的に獲得するための施策です。一

方、右にいくほど、具体的に商品やサービスに対するニーズはまだ認識できていないものの未来の顧客に成り得る見込み顧客、潜在顧客と言われる層への中長期的な育成施策です。

≫「明日の売上づくり」への貢献

　SNSアカウント運用が得意とする領域は主に図の右下に位置します。つまり、「Instagramアカウントの運用」の役割は、どちらかというとユーザーとの関係性を構築し、未来の顧客へ種をまき、長期的にビジネスや事業に貢献する **「明日の売上づくり」に強みを発揮** します（ただし、Instagram上での広告やキャンペーンの実施など、投稿を中心としたアカウント運用以外の実施によって、右下以外の位置にマッピングすることも可能）。

> **POINT**
> ・Instagramは、ユーザーとの関係構築によってビジネスや事業貢献に強みを発揮するため、長期的な活用を視野にいれて戦略を立てる必要がある

CHAPTER 2-02 アカウントの運用目的＝売上向上は大きな落とし穴

運用目的を「サービスや商品の売上をアップさせること」にすることは、大きな落とし穴となり危険です。本節ではその理由を説明します。

≫ 売上はマーケティング活動の集大成

　私が企業やブランドのInstagramマーケティングのご支援をする中で、Instagramを運用して「顧客を増やしたい」「売上を上げたい」といった、直接的な効果を求める方も多いのですが、ここが一番の落とし穴であると考えています。なぜならInstagramも売上に影響を与える要因の一つではありますが、消費者が商品購入、サービス利用という選択をする理由は**複数の要因が重なっている**ことが多いからです。

　例えば、あなたがECサイトとポップアップ店舗で販売しているアクセサリーショップを運営しているとしましょう。
　売上に影響を与える要因を考えてみると、大きな要因として下記が挙げられます。

・商品コンセプト（ネーミングやパッケージデザインなども含む）
・商品力（デザイン性や商品のスペック）
・販売価格
・ポップアップ開催のタイミング
・販売スタッフの接客
・競合状況
・チラシやダイレクトメール

- SNSの活用
- クチコミ
- 雑誌やWebメディアでのPR露出
- 経済状況（景気）や消費者意識
- 天気や気候

売上に影響を与える要因の数々

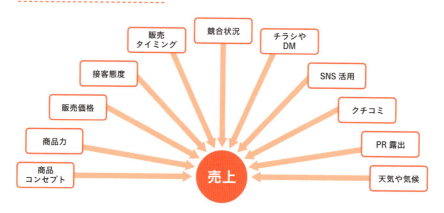

　上記で挙げたように、Instagramのコミュニケーションだけで商品を売ることはできません。売上はブランドやサービスを作る戦略や手法を含む**マーケティング活動の集大成**なのです。

≫売上を上げるための課題

　売上を上げる要因の一つでもある、ブランドやサービスを作る戦略や手法として押さえておきたいポイントの一例は次の通りです。これらは、Instagramアカウントの運用を行っていく上でも、自分の課題として挙げられる要素になり得ます。

ブランド構築

　強力なブランドは信頼性を高め、顧客に対して魅力的な印象を与えます。ブランドのビジョン、使命、価値観を明確に、一貫性のあるブランディング活動を行うことが重要です。

顧客理解

　顧客のニーズや要望を理解し、それに適合した製品やサービスを提供することが重要です。市場調査やデータ分析など顧客視点に合わせた製品やサービス設計、コミュニケーションを行います。

製品／サービス開発

　顧客のフィードバックを収集し、製品やサービスの改善に取り組むことで、市場での競争力を高めます。

価格戦略

　適切な価格戦略を展開し、競争相手との差別化を図ります。割引、セールスプロモーション、価格設定の最適化などが含まれます。

マーケティングコミュニケーション

　広告、ソーシャルメディア、PRなど、製品やサービスの魅力を伝えます。コミュニケーション戦略は、ブランドのポジショニングや目標市場に合わせて調整されます。

販売チャネル（場所）と流通

　製品やサービスを効果的に販売するためのチャネル戦略を考え、流通網を最適化します。

顧客エンゲージメント

　顧客との関係を強化するために、顧客サポート、フィードバック収集、

ファン育成プログラムなどの顧客の熱量を上げたり、維持したりする活動を実施します。

競合分析

競合の動向や市場状況を把握し、自社の戦略を調整します。

売上を上げるためには、これらの課題を**総合的**に勘案し、戦略的かつ持続可能なアプローチを採用することが重要です。

≫Instagramが効果を発揮するタイミング

それでは、Instagramは消費者の購買行動のどこに寄与するのかを説明します。

次の図は、消費者がブランドや商品を認知し購入に至るまで、また購入後のプロセスを表した「マーケティングファネル」と呼ばれる図です。

マーケティングファネルは、ビジネスやマーケティングのコンセプトで、顧客の購買プロセスを段階的に捉え、それぞれの段階での顧客の行動や態度を示すモデルです。顧客の意思決定プロセスを基にマーケティング戦略を考えるために広く利用されています。

「ファネル（funnel）」は、英語で「漏斗（ろうと）」を指す単語です。図は、消費者の行動を「購入」までのファネル（左側）と、購入後のファネル（右側）として一つの図でまとめたものです。

マーケティングファネル

　潜在顧客（商品やブランド・サービスについてまだ知らないが未来の顧客に成り得る層）が商品やブランド・サービスを認知してから購入するまでに、数が減っていく様子がファネルの左側、購入が完了した後も顧客との関係を維持し、顧客の満足度を高め、リピート購入やクチコミでの広がりが促進される様子が右側です。

　マーケティングファネル上に、効果別に施策を分布した一例が次ページの図です。
　Instagramアカウントの運用は、**購入前後**に効果を強く発揮すると言われています。

　先ほども述べていますが、改めて見ていただくと分かる通り、全てのプロセスにおいて効果を発揮する魔法の杖のような手法や施策はありません。あらゆる施策の複合によって消費者の購買行動を網羅したアプローチを行うことで、売上に繋げることができるのです。

マーケティングファネル上に効果別に配置した施策の一例

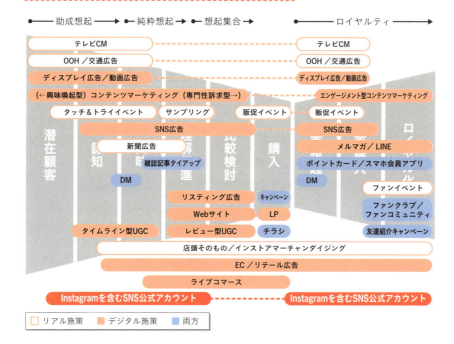

POINT

・売上はブランドやサービスを作る戦略や手法を含むマーケティング活動の集大成であるため、Instagramの運用目的にすべきではない
・Instagramアカウントの運用は、購入前後に効果を強く発揮する

CHAPTER 2-03

売上に影響を与える要因

では、Instagramを運用する上で何を目的にすべきかについてお伝えします。

》売上に影響を与える最も重要な要素

2章2節でお伝えしたように、売上に影響を与える要因は数多くありますが、ビジネス成功を「商品やサービスが売れること」と単純化した場合、重要な要素は下記の2つに集約することができます。

メンタルアベイラビリティ（＝思い出しやすさ）
フィジカルアベイラビリティ（＝買い求めやすさ）

売上向上には「思い出しやすさ」と「買い求めやすさ」が最も重要

メンタルアベイラビリティ
Mental Availability
思い出しやすさ

フィジカルアベイラビリティ
Physical Availability
買い求めやすさ

047

●メンタルアベイラビリティ（思い出しやすさ）

メンタルアベイラビリティとは、具体的な商品名やブランド名などの思い出しやすさのことを言います。

商品やサービスの思い出しやすさの指標となる**「Evoked Set（想起集合）」**というマーケティング用語があります。Evoked Setは、何かを購入するなどの意向が発生したときに、何も見聞きせず頭の中に浮かぶ、好意的な選択肢の集合体のことです。消費者が特定の商品やサービスを検討し、最終的に購入を決定する過程において重要な指標です。ここでは、より分かりやすいように、具体的な例を使って説明します。

みなさんは「ペットボトルのお茶が飲みたい」「洗濯洗剤を買いたい」「外食に行きたい」と思ったとき、それぞれ何を思い浮かべますか？

今みなさんの頭の中に思い浮かんだ「お茶の銘柄」「洗濯洗剤の商品名・ブランド名」「外食の候補先」がEvoked Set（想起集合）です。それぞれいくつの対象が思い浮かんだでしょうか。「洗濯洗剤」と言われて、知っているブランドを挙げることはできても、製品の特長を理解していて購入の選択肢に入っている製品はすごく少ないですよね。大抵の製品カテゴリーにおいて想起集合には3つ（少ない場合は1つ）しか入っていないということが、当社で2022年に15カテゴリーで実施した「Evoked Set 調査」でも結果が出ています。

もしそれぞれの対象が1つしか浮かばなかったら、それは想起集合に1つしか入っていないか、もしくは想起集合の中で真っ先に思い浮かぶ第一想起ブランドです。第一想起されたブランドは、検討段階で最初に検討してもらえる可能性、そして検討後にも購入してもらえる可能性が高いと言われています。

購入やサービス利用の決め手は、想起集合に入っていて、かつ最初に思い出す言わば第一想起されるブランドが有利になるのです。

「思い出しやすさ」は**プレファレンスを高めることで確率が上がります。**プレファレンスとは、消費者が特定の製品やサービスを他の選択肢より

も好む傾向を指し、主な要因は次の3つから形成されます。

価格

　製品やサービスの価格は、消費者の購入意欲に影響を与えます。同等のスペックを持つ製品であれば、価格が安い方が選ばれる傾向がありますが、ラグジュアリーブランドなど高品質や独自性を伴う場合には、高価格であることがブランド価値となり好まれる場合もあります。

ブランド・エクイティ（ブランド価値）

　ブランド・エクイティは、ブランドの知名度やほかの製品と比べたときに感じる優位性、ブランドイメージ、顧客がブランドに対して持つ愛顧度などが影響します。強力なブランド・エクイティを持つ製品は、消費者に対して高い信頼と価値を提供し、選好されやすくなります。

製品パフォーマンス

　製品の品質、機能性、耐久性など、実際の使用におけるパフォーマンスが消費者の期待を満たすかどうか、購入（利用）者が評価をします。製品パフォーマンスが優れていると、消費者の満足度が高まり、再購入や推奨の可能性が高まります。また、クチコミレビューや評判によってポジティブな印象形成に影響します。

　これらの要素が複合的に作用して、消費者のプレファレンスが形成され「思い出しやすさ」に繋がるのです。また、Meta社の2023年ブランドリフト調査によるとInstagramでの投稿や会話はブランドエクイティと強い相関があるという数値結果（$r=0.92$）が出ており、Instagramは思い出しやすさに貢献するプラットフォームであると言えます。

● フィジカルアベイラビリティ（買い求めやすさ）

　「買い求めやすさ」は、商品やサービスを顧客が購入、利用できる可能性を示す指標です。具体的には、商品が入手可能か、商品やサービス

を購入または利用できる場所、時間、方法が関連しています。商品が顧客の手に届きやすいかどうかは、売上を大きく左右します。

例えば「ペットボトルのお茶が飲みたい」と思ったとき、私は真っ先にサントリーの伊右衛門を思い浮かべましたが、飲むためには購入する必要があります。実際にサントリーの伊右衛門を購入しようとすれば、近所のコンビニでも自動販売機でもスーパーやドラックストアでも、いたるところに流通しているため簡単に購入できます。

このようにサントリーの伊右衛門が売れている理由は、思い出しやすさと買い求めやすさの両方が高い状態で保たれているからなのです。

≫ 正しいアカウント運用の目的

売上は「思い出しやすさ」と「買い求めやすさ」の強さによって決まると言われています。したがって、売上を上げたい場合にはアカウントを運用する目的を、商品やサービスの**想起率向上**、さらに継続購入や継続利用にも繋がるブランドの**好意度向上**に設定することが適切であると言えます。また、その2つを向上させることができるのは、Instagram上で行われる企業からユーザーへのコミュニケーションであり、売上に寄与できるポイントと言えます。

類似製品やサービス、あらゆる情報で溢れている現代において、消費者に選ばれるかどうか（買ってもらえるか、買い続けてもらえるか）の勝敗を分けるのは、一番はじめに思い出してもらえるポジションを獲得しているかにかかっているのです。

> **POINT**
> ・アカウントを運用する目的は「商品やサービスの想起率向上」や継続購入や継続利用にも繋がる「ブランドの好意度向上」に設定する

CHAPTER 2-4 「購入前」と「購入後」のコミュニケーション

Instagramは購入前後どちらでも活用できるプラットフォームですが、コミュニケーション方法は異なるため優先順位の明確化が必要です。

》購入前後のアプローチ方法は異なる

　「買ってもらうまで」と「買ってもらってから」の企業からユーザーへのコミュニケーションは、ビジネス上、非常に重要です。各々の段階で異なるアプローチと目標が存在します。

　「買ってもらうまで」は、主に購入前の消費者に商品やサービスの情報を継続的に届け、購入意向を高め続けるコミュニケーションが重要となります。一方、「買ってもらってから」は、購入後の顧客が商品やサービスを継続購入したり、他の消費者に推奨したりするよう顧客の熱量を育成するためのコミュニケーションです。

　Instagramアカウントの運用は、**購入前後のどちらの段階にも活用できるプラットフォーム**です。もちろん購入前後のどちらの効果も狙ってバランス良く運用していきたいところですが、優先順位を明確にしておかないとアカウントの軸が崩れ効果を発揮できなくなってしまいます。そのため、商品やサービスの状況や課題に合わせて、**どちらの目的に重さを置いた運用が最適か**を考える必要があります。

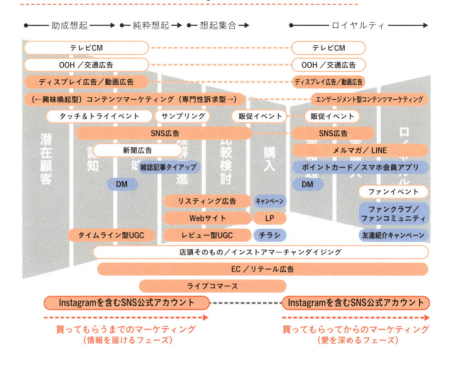
顧客の意思決定プロセスにおいてInstagramが効果を発揮するフェーズ

≫ 購入前後どちらに重きを置くべきか

あくまで一例にはなりますが、InstagramでのコミュニケーションにおいてIn購入前後どちらに重きを置くべきかの判断基準をお伝えします。

● 購入前のコミュニケーションに重きを置くべき基準

商品やサービス認知がない

商品やサービス名称がまだ消費者に知られていない場合、まず知ってもらうためのコミュニケーションからはじめる必要性があります。

認知はあるが実際の商品やサービス特性が伝わっていない

　消費者が商品やサービス名称は聞いたことがあるけれど、どんな商品、サービスなのかは知らないという場合です。認知させるだけではなく、認識させるようなコミュニケーションが必要です。

新製品または革新的なサービス

　市場に新しさや革新性を持つ、または一般的に馴染みのない商品やサービスを提供する場合、まずは認知を獲得し、理解を深める教育的な要素を含むことが必要です。

数量限定や季節限定商品

　希少性や限定性がある商品は、購入前にそれを伝えることで購買意欲を喚起することができます。また、季節限定商品の場合、季節感や特別感を強調することが有効です。

●購入後のコミュニケーションに重きを置くべき基準

一定数の購入者やファンがいる

　既に一定数の購入者やファンがいる場合には、より既存ユーザーとの関係性を構築することができます。商品の利用価値だけではなく、商品やサービスのブランドへの愛着形成がリピート購入やクチコミ、推奨へと寄与します。

リピート購入や顧客単価向上が期待される商品

　顧客の継続的な購入を促進するためには、購入後のリマインダーや関係構築で顧客の関与を維持することが重要です。また、販売商品が1つではなく複数存在している場合、購入後も継続的な関係性を構築し、追加購入やファン化を狙っていくことができます。

サブスクリプション型サービス

　サブスクリプションモデルを採用する商品やサービスは、購入後の顧客関与が非常に重要です。継続的な価値の提供や新しい機能の紹介を行い、顧客をリピーターに変えることが目標です。

クチコミや評価が影響力を持つ商品やサービス

　良いクチコミや評価がブランドのイメージ形成や購買に影響を与える場合、購入後の顧客満足度を高め、Instagramアカウントを通してレビューや評価の投稿を促進する仕組みを構築することが効果的です。

　自分の担当している商品やサービスの状況や課題と上記を照らし合わせて、「買ってもらうまで」と「買ってもらってから」のどちらのコミュニケーションに重きを置くべきか考えてみてください。

　また、優先順位に合わせた目標指標として、「買ってもらうまで」の消費者に情報を届けるフェーズでは、商品やサービスをいかに思い出してもらえるかを重視した**想起率向上**、「買ってもらってから」の顧客の愛を深めるフェーズでは、継続購入や推奨にも繋がるブランドの**好意度向上**を置くことができます。

> **POINT**
> ・購入前の人と購入後の人へは異なるコミュニケーションでないと自分ゴト化されず伝わらないため、どちらに重きを置くか優先順位を明確にする必要がある

CHAPTER 2-05 正しい運用目的から戦略を設計する

2章で説明した話を振り返りながら、
改めてアカウントの正しい運用目的を整理しましょう。

≫ Instagramアカウントの正しい運用目的

　ビジネスやマーケティング全体のゴールは売上向上、顧客獲得です。本章では、売上はマーケティング施策の複合でつくられること、Instagramのコミュニケーションが売上に寄与できるポイントは、商品やサービスの思い出しやすさである想起率向上と好意度向上であると説明しました。そのため、売上向上や顧客獲得に相関のある**アカウント運用の目的は「想起率向上・好意度向上」と定める**ことが最適です。

Instagramアカウントの運用の目的

マーケティング全体のゴール	売上向上・顧客獲得
Instagramの目的・効果指標 アクションの結果何が変わったのか 測定方法：アンケート調査	意識変容（想起率・好意度など）

「売上に影響を及ぼすブランドの想起率や好意度の向上」が目的・目標となる

≫目的から段階的に戦略を考えていく

　目的が定められたら下図にある通り、目標→現状→課題→方法の順に考えていきます。ここでポイントになるのは、**上から下の順番で考えることと前後の繋がりや相関性を意識**することです。前後のズレが生じてしまうと、最終的な課題や解決手法が独り歩きして手段化してしまうため気を付けましょう。

アカウント運用の戦略を考えていく手順

目的

　運用の目的は「想起率向上・好意度向上」とお伝えしましたが、誰にどんな意識変容を促すためのInstagram運用であるのかを具体的に考えます。

目標

　目的を達成するために、具体的で測定可能な目標を設定します。アカウントのいいねやコメント、保存などのアクションを含むエンゲージメ

ント数・率、投稿が表示された人数を示すリーチ数・率、投稿が表示された回数を示すインプレッション数・率など、定量的な指標を使って目標を設定します。

現状

　過去の投稿実績の分析を行い、現在のアカウントの状態や目標数値に対してのギャップを把握します。また、自分のアカウントだけではなく、競合または類似する商品やサービスのアカウントがどんな投稿を行っていて、どんなコメントが集まっているのかなどをチェックしてみましょう。商品やサービスが異なるジャンルでも、Instagramで表現されている世界観や消費者とのコミュニケーションの取り方など、目指したい方向性が近しいアカウントをベンチマークしておくことも一つの指標となるため重要です。

課題

　現状を評価した後、目標達成に向けての課題や障害を特定し、ギャップを埋めるために必要なことを洗い出します。例えば、競合との差別化ができていない、コンテンツの質や投稿頻度が不足しているなどの課題が考えられます。

方法

　課題を乗り越え、目標を達成するための具体的な戦略と行動計画を立てます。コンテンツ戦略、コミュニケーション戦略、キャンペーンやインフルエンサーマーケティングなどが含まれます。

　Instagramアカウントの戦略を策定する際には、上記ステップを順を追って進めることで、明確な方向性を持ち、成果を最大化することができます。また、戦略は作って終わりではなく、定期的な評価と修正が必要です。**定期的な分析と目標の進捗確認を行い、必要に応じて戦略を調**

整することも重要です。

　本節では目的→目標→現状→課題→方法の流れを説明しましたが、いざこの流れに沿って設計してみてくださいとお伝えしても難しいと感じる方が大半ではないかと思います。3章以降では、その具体的な設計方法をお伝えしますので、本節でのポイントを押さえた上で読み進めながら設計していきましょう。

> POINT
> ・最適な目的を定めた上で目標・現状・課題・方法の順序で解決手法を導き出す
> ・解決手法を導き出すまでの前後の相関性を見失わないようにする

CHAPTER 3

アカウントの運用戦略／方針設計を行おう

3-1 Instagramでコミュニケーションを取るべきターゲットの考え方

3-2 Instagramの目的（KGI）と中間指標（KPI）を分けて考える

3-3 現状と課題の理解にはユーザー投稿が重要なヒントになる

3-4 現状に合うアカウントの型を選択する

3-5 コンセプト策定がアカウント成功の軸

3-6 持続可能なアカウント運用を行うには投稿カテゴリー設計をする

Instagramでコミュニケーションを取るべきターゲットの考え方

CHAPTER 3-1

アカウント運用の目的の整理と具体化を改めて行うために
ターゲットについて考えましょう。

≫誰に向けたアカウントであるのか

　Instagramアカウントの運用に関するご相談をいただく際、「Instagramアカウントのターゲットは定めていますか？」と伺うとブランドのターゲットをお答えいただくことが多くあります。Instagramはブランドマーケティングの一つであるから、ブランドターゲットと同様の考え方でいいだろうと思う方もいるかもしれませんが、それは間違いです。

　また、ブランドや商材自体は多くの人に使ってもらいたく、誰にでも当てはまるのでオールターゲットで考えているといった回答をいただくこともあります。しかし、オールターゲットで考えられたコミュニケーションは誰にも自分ゴト化されることがないという事態が生まれてしまいます。

　広く誰にでも当てはまるようなコミュニケーションやメッセージは凡庸化してしまうため、より自分ゴト化して受け取られるような選択と集中が必要です。

　そのため、**誰に向けてアカウントを運用して、どうなってほしいか**を考えることがポイントです。

≫ ターゲットの切り口となる「トライブ」

ターゲットの切り口は、

- 競合がシェアを占めている層
- 自社の商品・サービスの認知度が低い層（若年層など）
- すでに自社の商品・サービスのユーザーである層（既存ファン）

などが考えられます。年齢層や性別で分類するデモグラフィック属性だけではなく、どういった興味関心やライフスタイルなどを持っている人たちなのかなども考慮しておくと、アカウント方針や投稿の内容も決めやすくなります。

　例えば、20〜30代女性をターゲットにします。年齢幅だけで絞ることができない多様な趣味嗜好やライフスタイルがあるはずです。
　そういった共通の興味関心やライフスタイルを持った集団のことを、「**トライブ**」といいます。「同一の血統を持ち、族長が存在する部族」が語源で、「年代や性別を超え、共通の趣味や興味、価値観で形成される部族」という意味があります。端的に言うと「○○好き」の集まりを意味しており、その集まりはオフライン（リアル）の知人同士であることもあれば、Instagramのハッシュタグに代表されるようにオンラインでお互いの顔も知らないような緩い繋がりの場合もあります。
　ソーシャルメディアが普及する前は「オフライン」かつ「知人同士」でトライブを形成していましたが、ソーシャルメディアの登場によって「オンライン」かつ「見知らぬ相手」ともトライブを形成できるようになりました。

　@cosmeやRettyなどはプラットフォーム自体が商品やサービスのカテ

ゴリーに特化しているため「コスメ好き」や「グルメ好き」などが集まり、プラットフォームそのものが一つの大きなトライブになっています。
　一方で、Instagram内には数多くのトライブが存在しており、主にハッシュタグを用いてユーザー同士が興味関心軸で繋がることで、トライブが形成されています。

プラットフォーム毎のトライブ形成

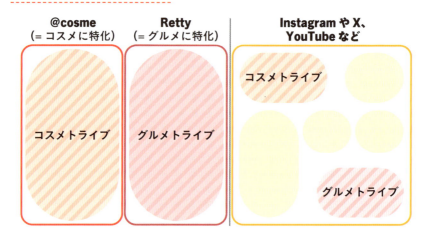

　トライブは、コミュニケーション戦略を設計する際によく用いられるF1層（20〜34歳の女性）やM1層（20〜34歳の男性）といったデモグラフィックに基づく区分ではなく、サイコグラフィックという生活者の習慣、趣味、嗜好、価値観を切り口にする区分の一つです。

　Instagram上で行われるブランドからユーザーへのコミュニケーションは投稿を中心に行われるため、投稿画像やテキストから、ブランドや商品を自分ゴト化して共感してもらうための切り口やメッセージ性が非常に重要となります。幅広い層に向けたメッセージは自分ゴト化されづらく、誰にも届かない投稿となってしまいかねません。ブランドターゲットの中でも、よりどんなトライブをInstagramでは狙っていくべきな

のか定める必要があるのです。

≫アカウント運用のターゲットを定める

　Instagramでのターゲットの考え方は複数存在しますが、本節では習慣、趣味、嗜好、価値観を分類するトライブ分類を中心とした例を紹介します。

●「○○好き」から詳細化していく場合

　トライブとは「○○好き」の集まりであると説明しましたが、「○○好き」の対象を掘り下げていくと細分化することができます。

　例えば「旅行好き」には、複数人での旅行が好きな場合もあれば、一人旅が好きな場合もあります。また、一人旅のなかでも国内旅行が好きな場合もあれば、海外旅行が好きな場合もあります。さらに、国内旅行好きの中にも、旅行のメインの目的が温泉であったり、食であったり、建築物であったりと、さらに細分化される場合もあります。

　このように「○○好き」を掘り下げることにより細かいトライブになり、属している人数は限られてきますが解像度は上がります。トライブを整理する場合には、次のようなトライブマップを書くことがおすすめです。この図は「旅行好き」の場合のトライブマップのイメージです。ここでは分かりやすいよう簡易的な図にしていますが、実際はさまざまな要素が複雑に絡み合っています。

トライブマップを使ったトライブの整理

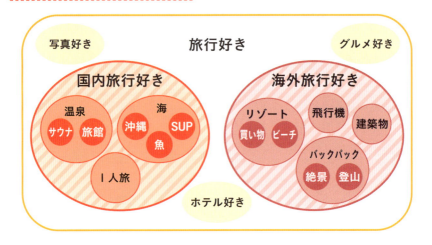

とはいえ、いきなりトライブマップを作成することが難しいという方は、次の手順でトライブの洗い出しを行いましょう。

STEP1 商品やブランドのカテゴリーに関するハッシュタグを検索

一次検索したハッシュタグの関連語内から気になるハッシュタグで再度検索し、関連ハッシュタグの階層を深めることでトライブの解像度を上げます。

STEP2 ハッシュタグ内をいくつか深掘りしてどんな内容が投稿されているか洗い出す

1つのハッシュタグだけではなく複数のハッシュタグの投稿内容を確認します。また「旅」のような大きな括りのハッシュタグでは、傾向が把握しづらい場合、「旅の記録」「グルメ旅」など関連ハッシュタグの傾向の深掘りも有効です。

ハッシュタグの階層を深めた上で、ハッシュタグの投稿内容を確認

STEP 1

STEP 2

- ▶グルメ
- ▶旅のしおりや記録（手書きイラスト）
- ▶歴史
- ▶建築
- ▶バイク
- ▶犬（ペット）
- ▶写真、カメラ

など

> **STEP 3** 洗い出したトライブ内から相性の良いトライブを探し、ターゲットとして定める

　ハッシュタグを深堀りし、トライブの解像度を上げた上で、「〇〇好き」層の中でもどんなトライブに属している人をターゲットにするのかを明確にします。

　このようにトライブを基にターゲットを定めることで、誰に向けてのコミュニケーションなのかを明確にでき、アカウントテーマの策定や投稿企画を考える際にも有効な軸となります。

ターゲットにするトライブを定める

　ご紹介したターゲット設計はあくまでイメージですが、自分のサービスやブランドに合わせてInstagramで狙うべきターゲットを詳細化してみましょう。

ターゲットが定まったら、改めて言語化して目的の整理を行いましょう。

目的の整理を行う

目的：「ターゲット」に対して「想起率 or 好意度」を向上させる

想起率の向上	「○○と言えば△△」というように、自社の商品やサービスを想起する人を増やす
好意度の向上	ブランドや商品、サービスを好意的に感じる人を増やす

ターゲットを検討する際には、下記のポイントを意識してみてください。

まずはターゲットと目的を明確にする

目的	「ターゲット」に対して「想起率 or 好意度」を向上させる
目標	・目的を達成するためにあるべき姿
現状	・あるべき姿とのギャップ
課題	・ギャップを埋めるために必要なこと
方法	・課題を解決する方法 ・あるべき姿を実現する対策

POINT
- 自分ゴト化されるテーマ訴求ができるターゲット軸になっているか
- 設計したターゲットはInstagram上に存在している層になっているか

CHAPTER 3-2 Instagramの目的（KGI）と中間指標（KPI）を分けて考える

本節では、定めたターゲットに対してどんな変化が起きてほしいのかを整理した上で、目標を具体的な指標に落とし込みます。

≫アカウント運用の指標は何か

　2章でもお伝えした通り、売上向上や顧客獲得はさまざまな要因の重なりで成り立っているため、Instagramからの直接的な影響を測ることは困難です。そこで、目的に起因する指標をKGI（Key Goal Indicator／最終目標）に、KGIに影響を与える指標をKPI（Key Performance Indicator／中間目標）に設定して関係を明確にし、アカウント運用のPDCAを回していくことがInstagram運用の最適解となります。

　右図のように、KGIには、売上と相関がありInstagram上でのコミュニケーションによって達成できる指標である「想起率向上または好意度向上」を、KPIにはKGIと相関がある指標を設定しましょう。ここでは、改めて全体像を理解した上で中間指標となるKPIの設計を行います。

KGIとKPIと売上の相関

| マーケティング
全体のゴール | 売上向上・顧客獲得
（事業活動全体によって達成する） |

| KGI
測定方法：
アンケート調査 | 売上と相関があり
Instagramで達成できる指標
（Instagramの運用目的＝想起率向上／好意度向上） |

| KPI
測定方法：
インサイト分析 | KGIと相関がある指標 |

》KGIと相関のある指標とは

　では、Instagram運用においてKGIと相関がある指標とは何なのでしょうか。

　まず「フォロワー数」を思い浮かべた方は多いのではないでしょうか。フォロワー数はアカウントの影響力を表す指標として、一見して認識しやすく、追いかける指標として定められることが多いです。

　Instagramにおいてフォロワー数も一つの目安として追いかけるべき指標になることは間違いないのですが、KPIにフォロワー数のみを重要指標として定めることは避けるべきだと考えます。

●フォロワー数ではなくエンゲージメントをKPIにすべき理由

ここでKPIに定めるべき指標は**エンゲージメント**です。理由は次の3つです。

①質よりも量の危険性

フォロワー数を単一の目標にすると、質よりも量に焦点を当ててしまうことが多いです。たとえフォロワーが数多く集まっていても、発信している投稿にアクションしてくれなければ何の意味も成しません。重要なのは、フォロワーがこちらの発信する投稿に対していいねやコメント、保存などのアクションを行うことです。

②アルゴリズムへの脆弱性

細かな仕組みは4章で説明しますが、投稿がより多く表示されるための仕組み（アルゴリズム）として、エンゲージメントが重要な要素となっています。フォロワー数のみに焦点を当てていても、アルゴリズムに反応されないため多くの人に投稿を届けることができない可能性が高くなります。アルゴリズムを意識してアカウント運用や投稿を行うことでリーチ数を伸ばすことができるのです。

③KGI（Instagramの目的）との関連性

ただアカウントをフォローしただけで、投稿へのアクションやアカウントとのコミュニケーションを取らない状態では、ブランドの想起率や好意度の向上には寄与しません。

当社で実施しているSNS運用におけるマーケティング効果を測定するKGI調査サービスでは、エンゲージメントの高いフォロワーと低いフォロワーの比較を含む調査を行っています。調査結果から、エンゲージメントが高いフォロワーのほうが、ブランド名の想起率や好意度、利用（購入）意向が高く、利用（購入）量自体も高くなる傾向が見られるのです。

このような理由から、フォロワー数はあくまで一つの目標指標として考え、KGIと相関のある指標である**エンゲージメントをKPIに置くべき**であることが分かります。

実際にKGIを達成できたのかを調べるには、フォロワー（やフォロワー以外）にアンケート調査を行うことを推奨しています。実際に売上が増えているのかどうかは、POSデータなどを活用しながら運用との相関を調べましょう。

目標の相関性

マーケティング 全体のゴール	売上向上・顧客獲得 （事業活動全体によって達成する）

KGI 測定方法： アンケート調査	売上と相関があり Instagramで達成できる指標 （Instagramの運用目的＝想起率向上／好意度向上）

KPI 測定方法： インサイト分析	**KGIと相関がある指標** **（エンゲージメント数・率）**

≫エンゲージメント数・率の現状数字を把握

具体的なエンゲージメント数・率の目標数字に関しては、現状の運用実績をベースに設定をしてみましょう。目指す数字の上限はアカウントの状態によって異なるため、まずは**エンゲージメント数・率を現状の数**

071

字よりも上げていくことを目標にしましょう。実際の手順は次の通りです。

1. 直近10投稿または直近1カ月のエンゲージメント数・率を各投稿毎に算出する
2. 直近10投稿または直近1カ月の平均値を算出する
3. 現状の平均エンゲージメント数・率を把握して、それ以上の数値を目指す

現状把握後の目標を記載する

> **POINT**
> ・誰に、どんな変化が起きてほしいのかを整理した上で、具体的な目標指標に落とし込む
> ・KGIは想起率or好意度の向上に設定し、KPIはエンゲージメントを指標にする

COLUMN

エンゲージメント率の算出方法

エンゲージメント率の算出方法は、目的に合わせていくつかのパターンがあります。本書では3つのパターンを紹介します。

①「フォロワー数」を分母にする場合

（「いいね数」＋「コメント数」＋「保存数」）÷投稿時点でのフォロワー数

「フォロワー」の内どれくらいの割合がエンゲージメントしたのかを知ることができるため、フォロワー内にファン（日常的にエンゲージメントしてくれるユーザー）がどれくらいいるのかを評価するのに適しています。

Instagramの活用目的が購買意向のユーザーとのコミュニケーションや好意度向上の場合、フォロワー数を分母にする計算が最適です。

ただし、投稿はフォロワー以外にもリーチしエンゲージメントされるため、あくまで目安数字であると認識しておく必要があります。

②「リーチ数」を分母にする場合

（「いいね数」＋「コメント数」＋「保存数」）÷リーチ数

「投稿を見たユーザー（UU：Unique User）」の内どれくらいの割合がエンゲージメントしたのかを知ることができるため、投稿の質を評価するのに適しています。

投稿はフォロワー以外にもリーチしエンゲージメントされるため、フォロワー以外の投稿に対する反応も含めて分析することが可能です。

アカウント土台構築期（p.169参照）や新規顧客とのコミュニケーションを重視する場合に、最適な計算指標です。

③「インプレッション数」を分母にする場合

（「いいね数」＋「コメント数」＋「保存数」）÷インプレッション数

「投稿が見られた回数」の内どれくらいの割合でエンゲージメントが発生したのかを知ることができるため、接触の量と質を評価するのに適しています。

特に「画像＋テキスト」もしくは「動画＋テキスト」で配信するディスプレイ広告のような複数回接触することを前提とした施策の場合に、どれくらいの割合のユーザーがエンゲージメントまで至るのかを分析する際におすすめの指標です。

CHAPTER 3 アカウントの運用戦略／方針設計を行おう

CHAPTER 3-3

現状と課題の理解にはユーザー投稿が重要なヒントになる

アカウント方針や投稿内容を考えるため、まずユーザーが
どのようにアカウントや投稿に触れているかを知りましょう。

≫ユーザーが投稿にアクションするきっかけ

　ユーザーにおけるInstagramの活用方法は大きく **「受動的接触」** と **「能動的接触」** に分けられます。Instagramは能動的接触（検索行動など）も見られますが、一般的にSNS全体では受動的接触であることがほとんどです。

受動的接触
　特に明確な目的を持たずにSNSを開き、タイムラインを眺めているときにたまたま表示されたコンテンツを見る・リアクションすることを言います。

能動的接触
　明確な目的を持ってSNSを開き、検索してコンテンツを見る・リアクションすることを言います。

　Instagram上には多くの情報が流れており、ユーザーは指先で次々にコンテンツをスクロールしているため、投稿作りで重要なのは魅力的な内容によって指を止めてもらえるかどうかです。

≫投稿に「琴線スイッチ」を含める

そのためには、下記の例のように**「琴線に触れるスイッチ」**をコンテンツに含めることがポイントです。

琴線スイッチを含めたコンテンツ例

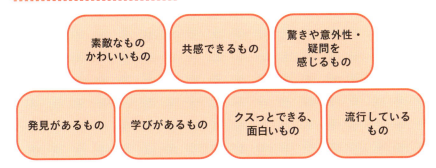

とはいえ、人によって琴線スイッチは異なるため、自分の感覚で考えてしまってはターゲットに刺さるコンテンツにならない可能性が高いことも事実です。

そのため、まずはInstagram上でエンゲージメントが高く獲得できる投稿の傾向を把握しましょう。このようなInstagram上の投稿分析を行うことを、ソーシャルリスニングと言います。

≫Instagramでソーシャルリスニングを行う

Instagramでソーシャルリスニングを行う方法は3つあります。

① 自分のブランド、サービス名での分析
② 競合ブランド、サービス名での分析
③ 自分のブランドやサービスのカテゴリーでの分析

それぞれの手順は次の通りです。

●①自分のブランド、サービス名での分析

まずは自分のブランドやサービスがどのように投稿されているのか（そもそも投稿されているのか）を確認し、特徴を書き出してみましょう。

その際、正式名称だけではなく、略称やひらがな、カタカナ、ローマ字などいくつか試してみることもポイントです。

STEP1 自分のブランド名やサービス名を検索

Instagramの検索機能で、自分のブランドやサービス名を検索してみましょう。

STEP2 人気投稿・最新投稿を確認

検索結果で出てきた「位置情報」や「ハッシュタグ」をタップし、人気投稿・最新投稿からユーザー投稿をチェックしましょう。

STEP3 投稿の特徴や傾向を洗い出す

チェックした内容や投稿の特徴や傾向を洗い出してみましょう。

特徴や傾向の洗い出しは、投稿件数やどのような写真構図になっているのか、どのようなテーマで投稿されているのかに着眼することがおすすめです。

例：
- 正式名称では1000件未満だったが、略称では1万件以上と比較的投稿数が多かった

- 商品単体で写っている写真は少なく、インテリアに馴染んだ状態の写真を使った投稿が多い
- 人気投稿の上位にある投稿は他社製品との比較投稿が多い

●②競合ブランド、サービス名での分析

次に自分のブランドやサービスと比較して、競合ブランドやサービスがどのように投稿されているのかを確認し、特徴を書き出してみましょう。

その際、自分の投稿との違いを踏まえて特徴を書き出してみることを意識しましょう。

STEP1 競合のブランド名やサービス名に関する投稿を検索

競合や類似ブランド、サービスを2〜3個ピックアップし、自分のブランドやサービス名での分析と同様にそのブランド名やサービス名を検索して人気投稿・最新投稿からユーザー投稿をチェックしましょう。

STEP2 投稿の特徴や傾向の参考ポイントを洗い出す

チェックした内容や投稿の特徴や傾向をまとめ、参考にしたいポイントを洗い出しましょう。

また、なぜ投稿されたのかという投稿モチベーションを考察してみましょう。

STEP3 クチコミを分析し改善点を探す

現状出ているクチコミと理想のクチコミ（真似していきたいクチコミ）を整理してまとめ、自分のブランドやサービスと差のあるポイントや真似できそうなポイントを見つけましょう。

例：
- 人気投稿の上位にある投稿は文字入れがされており、複数枚投稿など情報量が多い
- 「#○○アレンジ」とブランド名から派生したハッシュタグでユーザー体験投稿が集まっている（理由：公式アカウントからの発信でハッシュタグ推奨やアレンジなどの多様な活用方法の紹介投稿があり投稿イメージがしやすい）
- 商品ではなく店舗投稿が多い（理由：店舗看板が投稿したくなる動機に繋がっている＝フォトスポット化）

●③自分のブランドやサービスのカテゴリーでの分析

ブランドやサービスのカテゴリーから特徴を把握し、ニーズを理解することも重要です。

STEP1 自分のブランドやサービスのカテゴリーで検索

自分のブランドやサービスと同じカテゴリーで使われているハッシュタグを2〜3個ピックアップし、自分のブランドやサービス名の分析と同様に人気投稿・最新投稿からユーザー投稿をチェックしましょう。

その際、大きなカテゴリー分類ではなく、よりターゲットの利用が多そうなハッシュタグに目星を付けることがポイントです。

例：社会人向けアパレルブランドの場合
　　× #今日のコーデ
　　○ #オフィスコーデ

STEP 2 投稿の特徴や傾向の参考ポイントを洗い出す

　チェックした内容や投稿の特徴や傾向をまとめ、参考にしたいポイントを洗い出しましょう。

STEP 3 人気投稿を分析し仮説を立てる

　人気上位にある投稿を重点的にチェックし、トンマナの傾向やなぜ人気上位にあるのかユーザーニーズの仮説を洗い出しましょう。その際、投稿に付いているコメントなども確認すると仮設立てのヒントになります。

例：
- 鮮やかな色味や寄りの画角での投稿は少なく、淡い色味や余白のある投稿が多い
　仮説：人気投稿表示を狙いたいハッシュタグでは淡い色味や余白のあるトンマナの投稿がエンゲージメントを獲得しやすい
- 「○選」のように情報が集約されている投稿が多い
　仮説：一つの投稿で数多くの情報を手に入れることができる投稿が人気
- 商品だけではなく人が写っている投稿が上位にある
　仮説：商品の使用イメージが分かりやすい投稿が人気

　上記ステップでソーシャルリスニングを行い、Instagram上での投稿状況を把握したら、現状と課題の書き出しを行います。その際、既に運用している自分のブランドやサービスのアカウントの状況も併せて整理しておきましょう。

現状と課題を整理して記載する

目的	「ターゲット」に対して 「想起率 or 好意度」を向上させる
目標	Instagram 投稿のエンゲージメントを獲得する
現状	（例） ・自分のブランドのアカウントでは、色鮮やかかつ商品をメインに投稿している ・自分のブランドのユーザー投稿は数が少ない ・競合ブランドのユーザー投稿は数が多く、参考になる投稿やユーザー投稿を促すアクションを競合の公式アカウントで行っている ・ブランドやサービスに関連するカテゴリーの投稿は、淡い色味かつ使用イメージが分かる投稿が人気
課題	（例） ・自分のブランドのアカウントがターゲットニーズに合うトンマナになっていない ・ブランドのユーザー投稿を促すアクションや参考になる投稿ができていない ・競合ブランドに Instagram 上でのシェアを奪われている
方法	・課題を解決する方法 ・あるべき姿を実現する対策

POINT

・Instagram上でエンゲージメントが高く獲得できる投稿傾向を把握し、現状のアカウントとの違いや参考にすべきポイントや仮説を洗い出す

CHAPTER 3-04

現状に合うアカウントの型を選択する

Instagram運用の課題解決と対策に向けて、
まずはアカウント全体の方向性を見直しましょう。

≫ ビジネスアカウントには3つのタイプがある

　ブランドやサービスの公式Instagramアカウントのタイプは、大きく3種類に分かれると考えています。

　ここで定義しているアカウントタイプの中心となるのはフィード投稿です。Instagramにはさまざまな投稿手法や機能が存在しますが、アカウントのプロフィールページの統一感の表現やフォロワー外のユーザーに届ける投稿の中心となるのはフィード投稿（リール投稿を含む）となるため、フィード投稿を中心に考えていきます。

3種類のアカウントタイプ

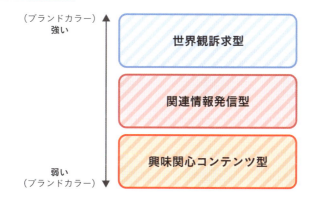

●世界観訴求型

世界観訴求型は一目でブランドの世界観が伝わりやすく、商品訴求などもしやすいアカウントです。

ただし、Instagram上にブランドや商品のファンが少ないと世界観が伝わりづらく、エンゲージメントも得られないため、**特にブランドのファンが多いアカウントに有効**です。

認知獲得やファンを作るための施策をInstagramアカウントの投稿発信以外で実施している場合には、他施策の受け口として世界観訴求型アカウントにすることも可能です。

［特徴］
- 視認性が高く、一目で世界観が伝わりやすい
- 直接的な商品訴求を行えるため、発信したいことをベースに投稿企画ができる
- ファンが既にいる状態でないとエンゲージメントされず、アカウントの有益性を高めることが難しい

例：
SALONIA（サロニア）（@salonia_official）

世界観訴求型アカウント（@salonia_official）

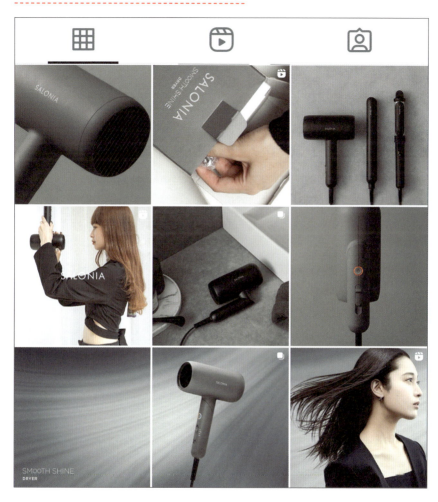

CHAPTER 3 アカウントの運用戦略／方針設計を行おう

● **関連情報発信型**

関連情報発信型はブランドや商品と関連性の高い内容を投稿するアカウントです。

商品を直接的に訴求するのではなく、商品の属するカテゴリーや商品を利用するInstagramユーザーに関連する情報カテゴリーに、商品を組み合わせて投稿していきます。

ニーズに沿ったコンテンツ企画が重要となりますが、ブランドや商品のファンはもちろん、**「○○好き」という趣味嗜好で繋がるトライブもフォローしやすいアカウント**と言えます。

［特徴］
- ユーザーが求める情報を投稿することでブランドやサービスのファン以外からもエンゲージメントが集まり、アカウントの有益性を高めやすい
- ブランドやサービスが発信したいことを中心とした企画ではなく、ターゲットニーズに沿った投稿企画が重要となる

例：
Photoli（フォトリ）（@photoli_info）

関連情報発信型アカウント（@photoli_info）

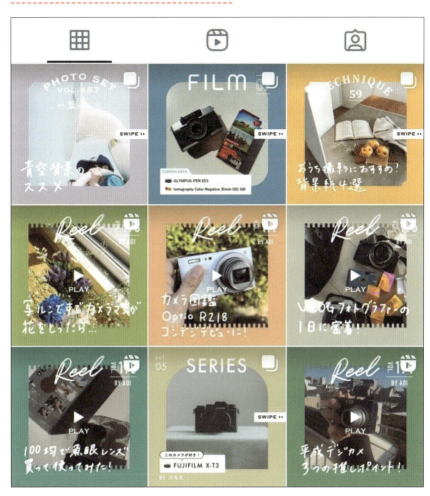

CHAPTER 3 アカウントの運用戦略／方針設計を行おう

●興味関心コンテンツ型

　興味関心コンテンツ型は、世界観訴求型や関連情報発信型に比べて自分のブランドや商品に関する情報は少なく、ターゲットとしたトライブのニーズに沿った投稿を中心とします。

　商品を直接訴求しても自分ゴト化されづらい場合や、ターゲットに対して**長期的な育成コミュニケーションが必要**な商品やサービスであり、特定のトライブと日々コミュニケーションを取り、製品を購入するタイミングが訪れたときにブランドを思い出してもらいたい（想起させたい）場合にこの型がおすすめです。

　ブランド商品の情報については、プロフィールやストーリーズをメインに使って紹介することで、ブランドターゲットに自然に情報を受け取ってもらえる環境を作ることができます。

［特徴］
- アカウントの情報発信力によってエンゲージメントが左右される
- ターゲットのニーズに沿って投稿企画を行うため、育成対象のターゲットをアカウントに集める環境を作りやすい
- 商品、ブランド認識や訴求までの道のりが長い

例：
ミーラボ　ベースケア＆コスメ情報　（@mii_labo）

興味関心コンテンツ型アカウント(@mii_labo)

プロフィールイメージ(@mii_labo)

≫アカウントタイプを決める

　どのタイプのアカウントで運用するのかは、アカウント運用の目的とターゲットを踏まえて検討する必要がありますが、Instagram上での自分のブランドやサービスの状況によって選択可能なアカウントが異なります。

　自分のアカウントがどのタイプを選択できるかのチェックは、右記のYES／NOシートを試してみましょう。

　アカウントタイプを選定できたら、3章2節で洗い出したInstagramにいるターゲットニーズやブランドの現状を振り返り、最適なアカウントタイプ選定ができているかの振り返りを行うことも忘れてはいけません。

課題解決に向けた方法の第一歩としてアカウントタイプを設定する

目的　「ターゲット」に対して
　　　　「想起率 or 好意度」を向上させる

目標　Instagram 投稿のエンゲージメントを獲得する

現状
（例）
・自分のブランドのアカウントでは、色鮮やかかつ商品をメインに投稿している
・自分のブランドのユーザー投稿は数が少ない
・競合ブランドのユーザー投稿は数が多く、参考になる投稿やユーザー投稿を促すアクションを競合の公式アカウントで行っている
・ブランドやサービスに関連するカテゴリーの投稿は、淡い色味かつ使用イメージが分かる投稿が人気

課題
（例）
・自分のブランドのアカウントがターゲットニーズに合うトンマナになっていない
・ブランドのユーザー投稿を促すアクションや参考になる投稿ができていない
・競合ブランドに Instagram 上でのシェアを奪われている

方法
（例）
・アカウントタイプを関連情報発信型に定めて、ターゲットニーズに沿った投稿企画を行う

アカウントタイプの選定

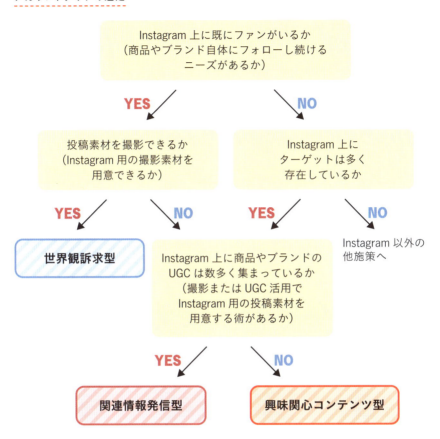

> **POINT**
> ・アカウント全体の方向性をアカウントタイプに合わせて設定する
> ・現状や課題を振り返り、最適なアカウントタイプを選択できているか振り返る

CHAPTER 3-5 コンセプト策定がアカウント成功の軸

> ターゲットとコミュニケーションを取る上で発信する内容の一貫性はとても重要です。そのためアカウントのコンセプト策定を行いましょう。

≫ コンセプト策定にはユーザーの理解が重要

　Instagramアカウントには**一貫性、統一性を持ったテーマ性**が重要です。例えば、ファッション、料理、旅行など明確なテーマを設定することで訴求がしやすく、3章1節で設定したトライブを中心としたターゲットにも自分ゴト化されやすくなります。

　ただし、大きなカテゴリーでのテーマ設定のみでは他アカウントとの差別化が難しく、魅力的なアカウントにはなりません。そのため、Instagram上でのコミュニケーションや発信する投稿内容のベース・方向性となるコンセプトを定めます。コンセプト策定ではちょっとした工夫やアイデア、発想が重要になります。

　当社ではご支援の中でコンセプトを考える際に、インプットする事前の情報として下記2つを重視しています。

① 企業やブランドが伝えたいこと(ブランドや製品の理解／機能的価値)
② ユーザーが求めていること(Instagram内のユーザーの理解／情緒的価値)

　よくありがちなのは、①の企業やブランドが伝えたいことのみを軸にコンセプトを設計してしまうパターンです。既にアカウント運用をしている方の中で、商品やブランド・サービスの良さを分かってもらいたい

から、SNSの投稿を頑張っているけれどなかなか良い反応がもらえない、という方はいないでしょうか？　その理由は企業やブランドとユーザーの間にギャップがあり、ユーザーに響くコンセプト設計ができていないからです。

≫ユーザーに届くコンセプトの考え方

　一般的なフレームワークとして、商品のスペック（特性）、フィジカルベネフィット（商品やサービスによって得られる便利さや効用・効能）、メンタルベネフィット（商品やサービスによって得られる心理的な満足度や充足）からユーザーにとっての意味付けを考えるということがありがちです。しかし、それは「こんな人がいるだろう」「こんな悩みがあるのではないか？」という想像を膨らませ、企業やブランドの都合で伝えたいことを加工した独りよがりな考えとなってしまうのです。

　もちろん商品やブランド・サービスのスペックを知りたいというユーザーニーズも存在していますが、**Instagramの投稿から受動的に情報を受け取ったユーザーは、まずそれは自分にとってどのようなメリットがあるのかを考える**ものです。

　そのため、企業やブランド側は自分たちが伝えたいことを加工するのではなく、**ユーザーにとっての情緒的な価値や、意味付け**から自分たちの強みを伝える切り口を考えなければならないのです。

　次の図を見てください。図の上から下へ向かう手順は、ユーザー自身の欲求や理想との接点がイメージできてはじめてコミュニケーションを取ることでき、サービスへ興味を抱くきっかけが生まれるため理想的な手順と言えます。一方、下から上に向かう手順は、企業が考えがちな手順です。企業側が"伝えたいこと"をそのまま伝えてしまい、結果的に企業ファーストな訴求になることでユーザーの共感を得ることが難しくなります。ブランドのこだわりや考え方、サービスのスペックだけを訴求していても、ユーザーとの間にギャップが生じてしまうのです。

コミュニケーションコンセプトの考え方 -ブランドユーザーの間にギャップが生じる理由-

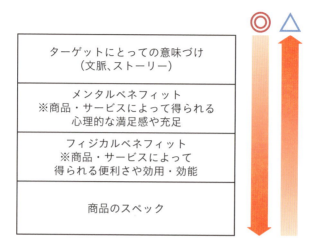

ユーザーにとっての情緒的な価値や意味付けを知るためには、3章3節でも紹介したソーシャルリスニングが必要不可欠です。**自分のブランドや商品がどのように語られているのか**を改めて理解した上で、コンセプト策定を行いましょう。

ユーザーにとっての情緒的価値からコンセプト案を考える例（ケーキショップの場合）

ターゲット

ショップ（ブランド）

▼ユーザーインサイト
（投稿されている内容から分析）
・帰り道にふらっと買うことができる
・おしゃれで華やかなショーケースに気分が上がる
・自分へのプチご褒美、癒しとして購入
・小ぶりなケーキで罪悪感がない
・小ぶりでカラフルなケーキを箱に詰めた写真を撮りたい

▼ショップ（ブランド）が
提供できる価値
・気軽に立ち寄ることができる立地（駅近）
・お手頃価格
・幅広い商品ラインナップ
・ケーキだけではない店舗やショーケース、ラッピングへのこだわり

コンセプト案に落とし込むと…

日常の小さなしあわせを、小さなケーキショップから。

ここで重要なのは、コンセプト文章のまとまりではなく、**「何を価値として届けるか」**になるため綺麗な文章でなくても構いません。
　例に挙げたケーキショップの場合、「日常の小さなしあわせ」を軸にアカウント上のコミュニケーションや投稿企画を考えていきます。軸に合わせて伝えたい特性やスペック（例えば、無添加であることや素材へのこだわりなど）を企画に入れ込みましょう。

課題解決の方法として軸となるコンセプトを定める

目的	「ターゲット」に対して「想起率 or 好意度」を向上させる
目標	Instagram 投稿のエンゲージメントを獲得する
現状	（例） ・自分のブランドのアカウントでは、色鮮やかかつ商品をメインに投稿している ・自分のブランドのユーザー投稿は数が少ない ・競合ブランドのユーザー投稿は数が多く、参考になる投稿やユーザー投稿を促すアクションを競合の公式アカウントで行っている ・ブランドやサービスに関連するカテゴリーの投稿は、淡い色味かつ使用イメージが分かる投稿が人気
課題	（例） ・自分のブランドのアカウントがターゲットニーズに合うトンマナになっていない ・ブランドのユーザー投稿を促すアクションや参考になる投稿ができていない ・競合ブランドに Instagram 上でのシェアを奪われている
方法	（例） ・アカウントタイプを関連情報発信型に定めて、ターゲットニーズに沿った投稿企画を行う ・「日常の小さなしあわせ」をコンセプトに情報提供を行う

POINT

・ユーザーにとっての情緒的価値からコンセプト案を考える
・「コンセプト＝何を価値として届けるか」を明確にする

CHAPTER 3-6 持続可能なアカウント運用を行うには投稿カテゴリー設計をする

やみくもに投稿企画を練るのではなく、効率的かつ継続したアカウント運用のPDCAを回すために、投稿カテゴリーの設計を行いましょう。

≫ 投稿カテゴリーを決める

　投稿カテゴリーというのは、投稿企画のベースを切り口やテーマ毎に分けたものを指しています。

　ここで思い出していただきたいことが、3章4節で定めたアカウントタイプについてです。アカウントタイプ毎にベースとなる訴求内容が異なるため、カテゴリー設計も**アカウントタイプの特徴に合わせて行う**必要があります。カテゴリー数が多いと混沌化してしまうので、まずは3〜4カテゴリー程度の設計がオススメです。

アカウントタイプと訴求内容

アカウントタイプ	ベースとなる訴求内容
世界観訴求型	商品情報
関連情報発信型	商材カテゴリー関連情報×商品情報
興味関心コンテンツ型	ターゲットが求める情報

●世界観訴求型の場合

　アカウントタイプが世界観訴求型の場合、ベースとなる訴求内容は商品情報となります。商品情報の中でも何を軸として投稿企画を考えていくのか「商品情報×○○」でテーマを決めていきましょう。

カテゴリーパターンの例（有形商材の場合）

・商品情報×モーメント
　季節や商品発売に合わせて投稿を作り込み、ブランドの世界観や商品の直接的な表現をする

・商品情報×シーン
　商品の利用シーンや喫食シーンを訴求した投稿で利用イメージを促進させる

・商品情報×お楽しみ・お役立ち
　クイズやゲームを組み合わせた投稿でリアクションを促進する

・商品情報×開発秘話やコラム
　商品のファンや検討層に向けて、より商品を知ってもらうための訴求を行う

商品情報×モーメント

@salonia_official

商品情報×シーン

@salonia_official

商品情報×お楽しみ・お役立ち

@kirijp_cp

@misterdonut_jp

CHAPTER 3 アカウントの運用戦略／方針設計を行おう

商品情報×開発秘話やコラム

@salonia_official

　カテゴリーパターンを出せたら、月次の投稿配分を決めていきます。投稿結果を確認しながら配分は都度変更していきましょう。

フィードとストーリーズの設計イメージ

投稿の種類	設計イメージ
フィード	商品情報×○○のカテゴリー軸を設定し、新規・既存フォロワーどちらに向けても発信を行う
ストーリーズ	新商品情報やキャンペーンなどのリアルタイムな情報を届けつつ、既存フォロワーとのコミュニケーションを深める

世界観訴求型アカウントの投稿カテゴリー設計イメージ

ストーリーズ
① 商品情報
② お楽しみ(クイズ・アンケート・リアクションボタンなど)
③ UGC紹介

理想の投稿配分

2 **商品情報 × モーメント**
例:新商品情報・コラボアイテムなどを季節・販売サイクルに合わせて発信

2 **商品情報 × シーン(利用や喫食イメージ)訴求**
例:おやつ・デザートシーンにおけるテーブルコーディネート提案、ペアリングなど

1 **商品情報 × お楽しみ・お役立ち**
例:リアクション促進や投稿内で楽しむことができるプチゲームやクイズなど

➡ 投稿結果を見て、最適な配分の PDCA を回しながら検証していく

●関連情報発信型の場合

　アカウントタイプが関連情報発信型の場合、ベースとなる訴求内容は商品が属するカテゴリーに関連する情報カテゴリーに、商品を組み合わせた投稿です。商材の属するカテゴリーに興味関心のあるターゲットが求める情報を軸にすることがポイントです。

カテゴリーパターンの例（ヘアケアブランドの場合）

- 商材カテゴリーに即したお役立ち情報①：ヘアケアに関するHOWTO
  ヘアケア方法／トレンド情報など

- 商材カテゴリーに即したお役立ち情報②：ヘアケアに関する知識提供
  お悩み／モーメント（紫外線や季節の変わり目）／メカニズムなど

- 商品を軸とした情報
  商品の使い方／商品紹介・ポイント説明など

商材カテゴリーに即したお役立ち情報①：ヘアケアに関するHOWTO

@demido_official

商材カテゴリーに即したお役立ち情報②：ヘアケアに関する知識提供

@demido_official

商品を軸とした情報

@demido_official

　カテゴリーパターンを出せたら、月次の投稿配分を決めていきます。投稿結果を確認しながら配分は都度変更していきましょう。

フィードとストーリーズの設計イメージ

投稿の種類	設計イメージ
フィード	お役立ち情報の軸を設定し、新規・既存フォロワーどちらに向けても発信を行う
ストーリーズ	ブランドの想いや商品の直接的な情報をハイライトに置き、既存フォロワーだけでなく新規フォロワー獲得のためのプロフィール対策を行う

関連情報発信型アカウントの投稿カテゴリー設計イメージ

ストーリーズ
① ブランドの想い
② お楽しみ（クイズ・アンケート・リアクションボタンなど）
③ UGC紹介

理想の投稿配分

2　商品カテゴリーに即したお役立ち情報 ①
例：メイクアップ情報など

2　商品カテゴリーに即したお役立ち情報 ②
例：ライフスタイル情報など

1　商品を軸とした情報
例：商品の使い方、活用法、悩み解決など

➡ 投稿結果を見て、最適な配分のPDCAを回しながら検証していく

●興味関心コンテンツ型の場合

　アカウントタイプが興味関心コンテンツ型の場合、訴求内容はターゲットニーズのある情報がベースとなります。アカウントの情報発信力が非常に重要となるため、ターゲットが求めている情報に対する感度が必要となります。

カテゴリーパターンの例（美容関心層がターゲットの場合）

- ターゲットニーズのあるお役立ち情報①：トレンドアイテムのまとめ
  韓国スキンケア◯選／悩み別ケア◯選／プチプラ◯選など

- ターゲットニーズのあるお役立ち情報②：美容ノウハウ
  アイテム比較検証／使い方ノウハウ／豆知識など

- ターゲットニーズのあるお役立ち情報③：モーメントに合わせた情報
  季節別お悩みケア／シーズンアイテム紹介など

ターゲットニーズのあるお役立ち情報 ①：トレンドアイテムのまとめ

@mii_labo

ターゲットニーズのあるお役立ち情報 ②：美容ノウハウ

@mii_labo

ターゲットニーズのあるお役立ち情報 ③：モーメントに合わせた情報

@mii_labo

カテゴリーパターンを出せたら、月次の投稿配分を決めていきます。投稿結果を確認しながら配分は都度変更していきましょう。

フィードとストーリーズの設計イメージ

投稿の種類	設計イメージ
フィード	ターゲットニーズに合わせたお役立ち情報の軸を設定し、ターゲットをアカウント内に集めていく
ストーリーズ	アカウントの説明や商品の直接的な情報をハイライトに置き、既存フォロワーだけでなく新規フォロワー獲得のためのプロフィール対策を行う

興味関心コンテンツ型アカウントの投稿カテゴリー設計イメージ

ストーリーズ
① このアカウントについて
② お楽しみ（クイズ・アンケート・リアクションボタンなど）
③ 商品情報

理想の投稿配分

- **2** ターゲットニーズのあるお役立ち情報 ①
  例：メイクアップ情報など
- **2** ターゲットニーズのあるお役立ち情報 ②
  例：ライフスタイル情報など
- **1** ターゲットニーズのあるお役立ち情報 ③
  例：商品の使い方、活用法、悩み解決など

➡ 投稿結果を見て、最適な配分の PDCA を回しながら検証していく

CHAPTER ③ アカウントの運用戦略／方針設計を行おう

アカウントタイプに合わせて投稿カテゴリーと月次配分の設計ができたら、設計に合わせて投稿運用を行います。月次で振り返りをした際に、カテゴリー配分の調整や各企画のブラッシュアップ、カテゴリー変更の検討を行いましょう。これらのPDCAの回し方については4章で説明します。

課題解決の方法として軸となる投稿カテゴリーを定める

目的	「ターゲット」に対して「想起率 or 好意度」を向上させる
目標	Instagram 投稿のエンゲージメントを獲得する
現状	（例） ・自分のブランドのアカウントでは、色鮮やかかつ商品をメインに投稿している ・自分のブランドのユーザー投稿は数が少ない ・競合ブランドのユーザー投稿は数が多く、参考になる投稿やユーザー投稿を促すアクションを競合の公式アカウントで行っている ・ブランドやサービスに関連するカテゴリーの投稿は、淡い色味かつ使用イメージが分かる投稿が人気
課題	（例） ・自分のブランドのアカウントがターゲットニーズに合うトンマナになっていない ・ブランドのユーザー投稿を促すアクションや参考になる投稿ができていない ・競合ブランドに Instagram 上でのシェアを奪われている
方法	（例） ・アカウントタイプを関連情報発信型に定めて、ターゲットニーズに沿った投稿企画を行う ・「日常の小さなしあわせ」をコンセプトに情報提供を行う ・関連情報のカテゴリーを3つ定めて配分設計を行う

POINT

・アカウントタイプに合わせて投稿カテゴリーを設定する
・月次の投稿配分を決め、投稿結果を確認しながら配分調整を行う

アカウント運用の戦略を考えよう

自分のInstagramアカウントについて、目的→目標→現状→課題→方法の順で記入しましょう。

項目	記入欄
目的	(例)ターゲットに対して「〇〇と言えば△△」と、自分の商品やサービスを想起する人を増やす
目標	(例)Instagram投稿のエンゲージメントを獲得する　※目標数値も記載
現状	(例)自分のブランドのユーザー投稿は数が少ない
課題	(例)ブランドのユーザー投稿を促すアクションや参考になる投稿ができていない
方法	(例)アカウントタイプを関連情報発信型に定めて、ターゲットニーズに沿った投稿企画を行う　※具体的な投稿カテゴリーや投稿配分も記載

CHAPTER 4

ユーザーに届く投稿コンテンツを生み出すPDCAの回し方

- 4-1 基本アルゴリズム／投稿上位表示の「仕組み」を理解する
- 4-2 PDCAを回すための効果測定と分析の方法
- 4-3 いますぐ実践できる運用小技
- 4-4 投稿企画に躓いたら「ハッシュタグ分析」

CHAPTER 4

基本アルゴリズム／投稿上位表示の「仕組み」を理解する

ここからは、ターゲットのユーザーに情報を届けるために、
押さえておくべきユーザー行動とアルゴリズムについて詳しく説明します。

≫ Instagramのアルゴリズムとは

　アルゴリズムとはユーザーの行動履歴に紐づき、興味関心のあるコンテンツを優先的に表示する仕組みのことで、Instagramが保有するシグナルと呼ばれる500種類以上のデータによって構成されています。表示されやすくするための（シグナルを蓄積する）方法は「フィードとストーリーズ」「発見タブ」「リールタブ」で異なり、いずれも共通して重要なのは**ユーザーとの親密度を高めること**です。

● アルゴリズムの特徴

　Instagramのアルゴリズムには、大きく分けて下記の3つの特徴があると言われています。これら3つの特徴は投稿やアカウントへの流入（リーチ／インプレッション）に寄与する重要なポイントです。

Interest（興味関心）
　ユーザーの興味関心に紐づく投稿コンテンツであるかを判断しています。

Timeliness（投稿時間、投稿頻度）
　ユーザーが閲覧している時間帯に投稿されているかや頻度高く投稿されているかを判断しています。

Relationship（ユーザーとの関係性）

　自分のアカウントとユーザーがどのくらいコミュニケーションを取っているかを判断しています。

ストーリーズとフィードが表示されやすくなる特徴

≫投稿発見からフォローまでの流れ

　ユーザーはタイムラインだけではなく、発見タブやハッシュタグ検索結果（特に「トップ（人気投稿）」）や、リールタブに表示された投稿を見つけます。数多く表示される投稿から手を止めてもらうためには、ユーザーにとって目を引く画像になるよう工夫する必要があります。

　ユーザーは投稿を見つけ内容を確認し、いいねやコメント、保存などのアクションを行います。投稿から直接フォローを行うこともできますが、投稿からプロフィール画面へと移動しフォローするかどうかを再度検討するユーザーも多数います。

投稿発見からフォローまでの導線

投稿を見てアクションをする

アカウントを確認する

フォローする

これらのユーザー導線内全てのタイミングで離脱されてしまう可能性があり、スムーズにアクションが進行されるためには下記条件が満たされていなければいけません。

・数多く表示される投稿内で目を引く画像であること
・アクションをしたくなる投稿内容であること
・フォローしたくなるアカウントであること

　本書を基に上記の条件を満たす戦略設計を行っていただきますが、まずはこのユーザー導線に乗るために、より多く投稿を表示させる必要があります。ゆえに、投稿やアカウントへの流入（リーチ／インプレッション）に寄与するポイントとして、これら3つの特徴を押さえた運用が重要です。

≫投稿をより多く表示させるには

　投稿表示（リーチ／インプレッション）を左右するアルゴリズムは、下記のようなユーザーのアクションやユーザーとのコミュニケーションなどの履歴貯蓄データによって判断されます。

・フォロワーからの投稿へのエンゲージメント
・フォロワー外からの投稿へのエンゲージメント
・投稿へのリアクションの速さ
・投稿やアカウントの滞在時間
・フォロワー、フォロワー外のユーザーとの双方向のコミュニケーション（DMやコメント）
など

このような500種類以上あると言われているシグナルの詳細条件や数値結果は非公開となっています。

現在、私たちユーザーがアカウント上で確認可能な指標はいいね、保存、コメントといった投稿へのエンゲージメントです。

● **最近のアルゴリズムの変化**

Instagramの機能アップデートや思想から、エンゲージメント（いいね、保存、コメント）の中でも投稿が表示される頻度に影響を与える要因の優先順位に変化があったのではないかと考えています。

過去に「インスタ映え」という言葉が流行っていたように、Instagramが日本に普及された当初はいいねの数が最も重要なアルゴリズム指標だったと考えます。その後、2016年に投稿の保存機能が導入され、投稿画像や動画の内容は多くの人に参考にされる有益な情報かどうかが重視されるようになりました。

現状では、「価値共創」というInstagramの理念が掲げられ、いかに**ユーザーとの親密度を高められるか**が重要となってきています。

さらに、Meta社が開催した「Instagram Day 2019」において、人気投稿に表示されるには「投稿のエンゲージメントのうち、特にコメントが重要」だと紹介されたことを受けて、当社では特定ハッシュタグのトップに表示された投稿550件の検証を行いました。

「投稿にコメントされている方が人気投稿に表示されるのか」を検証した結果、次の特徴が確認できたため「コメントされている方が人気投稿に表示される可能性が高い」と言えると考えます。

- 人気投稿に表示されている投稿のほとんどがコメントされている（9割以上）
- 約8割のコメントがリアクション（いいね・返信）されている
- コメントへのリアクションは「いいねのみ」ではなく、「いいね＋返信」あるいは「返信のみ」の方が多かった

※引用元：インスタのトップ（人気投稿）に載るには？ 550投稿の検証結果を公開（https://www.tribalmedia.co.jp/note/instagram-210323/）

とはいえ、あくまで人気投稿に表示される影響度が高いエンゲージメント指標の変化の仮説であり、コメントの重要度が高いからコメントのみ集まっていればOKというものではありません。**いいね、保存、コメント全ての指標を高め、エンゲージメント全体を意識する動きが必要**です。

アルゴリズムの変化

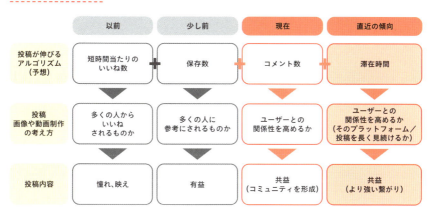

また、直近ではアカウントや投稿にいかに長く滞在し続けるか（＝滞在時間）が非常に重要な指標になっているとも言われているため、より強いユーザーとの繋がりが求められています。
　現状、ユーザーの滞在時間は把握することができない仕様ですが、エンゲージメントの獲得だけではなく、意識したいポイントの一つです。

> **POINT**
> ・シグナルというユーザー親密度がアルゴリズムに影響することを意識する
> ・投稿をより多く表示させるために重視すべきは、数値を確認することができるエンゲージメント指標

CHAPTER 4-02 PDCAを回すための効果測定と分析の方法

アルゴリズムを意識しながらエンゲージメントを高めるためには、投稿におけるPDCAを回していくことが必要です。

≫効果測定の3つのステップ

アカウント運用は、事前に立てた計画（Plan）を実行（Do）してその結果どうだったかを評価し（Check）、改善（Action）する、そして再び計画（Plan）を立てる。このPDCAの繰り返しによって、KGIやKPIの達成を目指します。

本節で紹介する効果測定は、PDCAの中でも3章で立てた計画（Plan）を実行した結果の「評価（Check）」と「改善（Action）」を行うための重要な業務です。

効果測定は下記3つのステップで行い、投稿改善を図っていきます。

1：分析する指標（項目）を決める
2：フレームワーク（3C）に沿って現状の分析・考察をする
3：分析・考察結果を基に仮説を立て、ネクストアクションを提示する

STEP1 分析する指標を定める

メインで見るべき指標は目標で定めたエンゲージメントですが、ブランドやアカウントの状況によって他にも重視すべき指標が存在します。

新規顧客へのアプローチを行いたい場合

　リーチ／インプレッション数を伸ばして、投稿をきっかけにブランドやサービスを知ってもらう機会を作る必要があります。そのため、エンゲージメント数だけではなく、**リーチ（投稿が表示された人数）／インプレッション（投稿が表示された回数）数**も分析指標として追っていきましょう。

　また、既にアカウントでのエンゲージメントやリーチ／インプレッションを獲得できる状況になっている場合には、**UGC（ユーザー発信の投稿）の数や質**も追っていくことで、ユーザー投稿を参考に未購入層へのアプローチも期待できます。

ブランドの好意度を向上させたい場合

　エンゲージメントはもちろん、**UGCの数や質**を確認することでブランドが既存顧客からどのように語られているかを把握することができます。UGCの質を確認するには、投稿画像はどんな表現がされているのか、投稿文章はどのようなことが書かれているのかに着眼します。例えば、デザインパッケージをメインとした表現や文章であったり、商品とは別の特定の物やシチュエーションと一緒に語られることが多いなど、傾向を把握します。

　UGCがブランドに対して好意的かつ未購入層へポジティブな影響を与え得る内容なのか、どんなUGCが上がると理想かを考えながら、自分のアカウントでの発信を改善するといったように、UGCはユーザーから参考にしてもらえる投稿を行うための指標となります。

アカウントを開設したばかりの場合

　フォロワー数はKGIとの相関性があると言い切れないためあくまで一つの目安指標として考えるとお伝えしましたが、フォローは「これからもこのアカウントの投稿を見たい」と感じたユーザーの心情の表れでもあります。継続して見たいと思ってもらえるアカウント設計ができてい

るか、初期方針がターゲットに合っているかを確認するため、アカウントを開設時には**フォロワー数の伸び**も確認していきましょう。

分析する指標

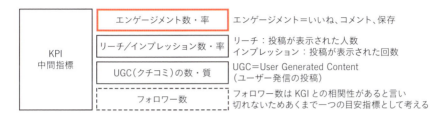

STEP 2 フレームワーク（3C）に沿って分析・考察する

指標を決めた後は、指標となる項目の具体的な現状数値を確認し、**現状数値が自分のアカウントの過去実績や競合、その他市場と比べて良いのか悪いのかを把握する**必要があります。

現状数値は3章2節で紹介した方法で算出します。また現状数値は月毎に投稿の平均値を算出することがおすすめです。毎日投稿している場合など投稿本数が多い場合には、週毎に算出しても良いです。

現状数値の確認ができたら、フレームワーク「3C（Company／Competitor／Customer）」に沿って分析・考察をしましょう。それぞれ分析・考察した内容をp.125の記入シートに書き出してみてください。

フレームワーク「3C」

自社分析（Company）

　これまでの自分のアカウントの結果と比較する分析です。前月や前年のデータと比較して良し悪しの傾向を探りましょう。

　エンゲージメント数が多い投稿、少ない投稿の傾向やリーチ／インプレッション数が伸びた投稿、伸び悩んだ投稿の傾向を中心に洗い出します。

競合分析（Competitor）

　競合アカウントの結果を比較対象にした分析です。競合やベンチマークアカウント（参考になるアカウント）から確認できる数値と自分のアカウントを比較して良し悪しを判断します。

市場／ユーザー分析（Customer）

　ユーザーの中で話題になっている投稿を比較対象にした分析です。特定の業界の枠にとらわれず、話題になっているもののアカウントや投稿から確認できる数値と比較することで、話題の理由やヒントを探ることができます。

傾向の記載ポイント

・どのような画像構図か
・どのようなデザイントンマナか
・いいね、コメント、保存などのアクション数の変化はあるか
・どのような企画構成（投稿ジャンル）か
・どのようなタイミングで投稿されているか

　フレームワークに沿って分析する場合、まずアカウント全体のエンゲージメント基準を把握し、前月やこれまでの平均値と比較して、数値が上がったのか下がったのかを確認します。

　その後、数値の変動がアカウント内の複数の投稿で起きている全体的な現象なのか、1投稿のみの部分的な現象なのかを投稿インサイトで確認して、さらに要因を探ります。

　全体的に結果が変動している場合は、自分のブランドのアカウントだけではなく他ブランドや業界全体のフォロワー数や投稿へのいいね、コメント数など、確認できる動きを把握してアルゴリズムの変動やアカウントの大量凍結などの動きがなかったか、原因を推測することがポイントです。部分的に良くなっている場合には投稿ごとの影響を確認しましょう。

　3C分析を行う際にはまず、**アカウント全体のフォロワーやインプレッション、エンゲージメント数**を把握してから、3章6節で説明した投稿ジャンルそれぞれにフォーカスして分析することが基本です。

　この流れで確認することにより、アカウント全体の数値結果に対してどの投稿ジャンルが影響を与えたのかなどを読み解くことができます。

STEP3　ネクストアクションを提示する

　投稿ジャンル別の数値結果が確認できたら、全体のエンゲージメントを上げるために検討すべきは、次の2つです。

・効果の高いジャンルの頻度を増やして投稿していく
・効果の低いジャンルの改善を行う

　効果の高いジャンルの頻度を増やして投稿していくことは簡単ですが、投稿したい内容のバランスを考えると振り切ることが難しい場合も多くあるかと思います。そのため、効果の低いジャンルは投稿をやめるのではなく改善を行っていきましょう。ネクストアクションを考える際は、次の3つの視点を持つのがおすすめです。

ネクストアクションを考える3つの視点

　分析・考察をした結果「良かったところ（Good）」は更に伸ばし、「課題が残るところ（Bad）」は改善し、「新しいチャレンジ（New）」をしていきましょう。

> **POINT**
> ・目的に合わせてエンゲージメントとは別の指標も重視する
> ・数値の良し悪しを測るために3C分析を行う

フレームワーク(3C)に沿って指標を分析・考察しよう

自分のアカウントの運用戦略で定めた指標について、分析・考察した内容を書き出してみましょう。

3C	記入欄
自社分析 (Company)	(例) 自分の商品を実際に使っているイメージの画像を使った投稿はエンゲージメント数が多い。
競合分析 (Competitor)	(例) ブランドと関連するカテゴリーの情報を幅広く網羅して投稿し、ターゲットとなるユーザーを多く集めている。→差別化できる情報を提供する必要がある。
市場／ ユーザー分析 (Customer)	(例) ただの商品写真ではなく、レビューなど使用感が細かく書かれた投稿のエンゲージメントが高い。

COLUMN

投稿インサイト情報の見方

フィードやストーリーズの投稿から確認できるインサイトの見方を紹介します。

フィードインサイト

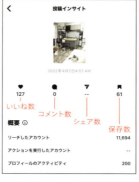

ストーリーズインサイト

投稿に「メッセージ送信」で
メッセージが送信された数

実行されたアクションの内訳
①投稿を一つ次に進めた数（右タップ）
②ストーリーズを見るのをやめて
　ホームに戻った数（下にスワイプ）
③次のアカウントの投稿に移動した数
　（右から左にスワイプ）
④投稿を一つ前に戻った数（左タップ）

CHAPTER 4 ユーザーに届く投稿コンテンツを生み出すPDCAの回し方

スタンプ（場所、メンション、ハッシュタグ）

📍 場所　　@メンション　　#ハッシュタグ

質問スタンプ

❓ 質問

アクションスタンプ

クイズスタンプ

COLUMN

バロメータースタンプ

アンケートスタンプ

CHAPTER 4-3 いますぐ実践できる運用小技

本節では運用を改善するためのネクストアクションとして、すぐに実践できる運用小技を紹介します。

≫ 運用改善の検証例

　投稿改善に繋がるネクストアクションの事例として、当社がご支援するInstagramアカウントで実績のある検証例を紹介します。

　ポイントは、4章1節で説明したアルゴリズムとなるユーザーとの親密度を測る「シグナル」を意識することです。

● 検証例1：カルーセル（複数枚）投稿をフル活用する

　Instagramのフィード投稿では、最大10枚までの写真や動画を投稿することができます。1枚だけの投稿よりもカルーセル（複数枚）投稿のほうが、**ユーザーが1つの投稿に滞在する時間が長くなる**ことや、情報量が多く**ユーザーにとって有益性の高いコンテンツが作れる**ため、リーチやエンゲージメントが高くなる可能性が高いです。

　また、アカウントの世界観を崩したくない場合にも、1枚目は統一感のある画像で世界観を保ちつつ、2枚目以降で多少トンマナが崩れたとしてもユーザーのイメージを沸かせることができる情報を入れ込むなどの工夫が可能です。

131

カルーセル投稿のイメージ

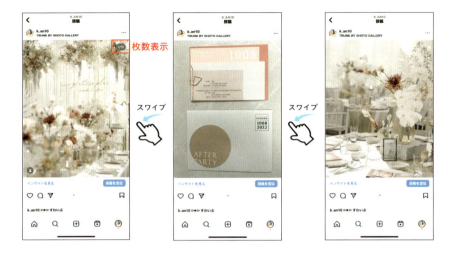

●検証例2：ストーリーズ投稿とフィード投稿を連動させる

　フィード投稿のみよりも、フィード投稿に合わせて連動ストーリーズ投稿を行うことで、フィード投稿のインプレッションやリーチ獲得に繋がります。これは、アカウントへの接触回数が増えることでシグナル蓄積ができていると考えられます。

　また、ユーザー導線上、Instagramを開いたらタイムラインよりもまず**ストーリーズから閲覧するユーザーが多く**、投稿のお知らせとしてストーリーズからフィード投稿の存在に気が付くことができる利点があります。

Instagramを開いたときのユーザーの導線

Instagram を開く

ストーリーズを開く

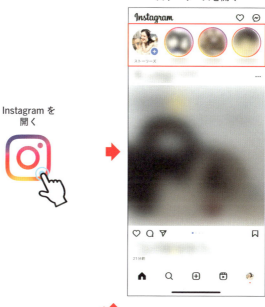

ストーリーズから投稿に移動する

投稿を閲覧する

CHAPTER 4 ユーザーに届く投稿コンテンツを生み出すPDCAの回し方

ストーリーズ投稿とフィード投稿を連動させた例（@kirijp_cp）

投稿のお知らせだけではなく、アンケートスタンプを付けることでよりシグナルの蓄積に貢献する。

● **検証例3：コメント呼びかけをする**

投稿内にコメントを促す文言を追加して呼びかけを行いましょう。質問への回答や文章記載をする促しだとハードルが高く、コメントが集まりづらい傾向にあります。コメントのハードルを下げるために、**絵文字を促しユーザーが気軽に楽しめること**でコメント数を増加させることができます。

● **検証例4：ストーリーズでリアクション獲得を狙う**

ユーザーが**気軽にリアクション（スタンプタップやアンケート回答など）できるストーリーズ**を制作することで、ユーザーが反応しやすくなります。ストーリーズでは、ユーザーからリアクションをもらうことで、インプレッション／リーチ数が増加することが多いです。

さらに、ストーリーズでリアクションを得ることのポジティブな効果として、**フォロワーのタイムラインに表示されやすくなる**ことが考えられます。ストーリーズでリアクションを獲得することでシグナルを蓄積することができ、アルゴリズム上でフォロワーのエンゲージメントが高いアカウントと認識され、ストーリーズがより左側に表示されやすくなります。

また、ストーリーズだけではなく、フィード投稿もより上位に表示されやすくなるという傾向もあり、ストーリーズでリアクションを獲得することでフィード投稿のリーチも伸びる、ということが考えられます。

次の2つのケースは当社がご支援した中で、検証例3と4を実施した具体例です。

CASE 01 | 検証例3：投稿内でのコメント呼びかけ

具体的な改善内容：
気軽にコメントできるよう、回答は絵文字のみなどの工夫を行う。

具体的な改善内容：
企業の伝えたい情報に加え、見た人に質問を投げかけ、コメントで回答を促す。

企業名：損害保険ジャパン株式会社

アカウント名：@sompo_japan_official

同様の投稿に対し、投稿を見た人へ質問に回答させるような文言を一文加えるだけで、投稿に対するコメントを増加させることができました。

CASE 02 | 検証例4：ストーリーズスタンプ機能の活用

具体的な改善内容：
投票スタンプを使い、商品の人気投票を行った。どちらかをタップするだけで良いのでユーザーは気軽に参加できる。

具体的な改善内容：
バロメータースタンプをゲーム感覚で使うことで、ユーザーが参加しやすいアクションとなる。

企業名： タリーズコーヒージャパン株式会社

アカウント名： @tullyscoffeejapan

ストーリーズのスタンプ機能を使って、リアクションを促す投稿を行った結果、支援前の平均値からリーチ数、インプレッション数、エンゲージメント数がそれぞれ増加しました。

CHAPTER 4　ユーザーに届く投稿コンテンツを生み出すPDCAの回し方

当社でのご支援では、これらの検証で下記のような数字改善効果が出ています。

検証例における数字改善効果

あくまで一例にはなりますが、シグナル蓄積を目的とした改善ネクストアクションとして是非試していただきたい4つを紹介しました。

≫UGCの向上には オリジナルハッシュタグが有効

4章2節で分析する指標（項目）に「UGCの数・質」を定めた場合には、オリジナルハッシュタグで投稿を促すことが効果的です。

オリジナルハッシュタグは新しく作成、または既にユーザーに投稿されているハッシュタグにより多くブランドや商品の投稿が集まるように促進していきます。

オリジナルハッシュタグを活用した投稿例（@momochy_）

≫PDCAを回して検証と改善内容を決定する

　その他にも検証ポイントや改善ネクストアクションは数多く存在します。また、商材特性やタイミングによって傾向が大きく変動するため、分析のPDCAを回す上で要素を抽出して、自分のアカウントでの成功パターンを検証していきましょう。

　これらの検証結果は起因や理由が100パーセント明確になるわけではなく、あくまでエンゲージメントやリーチの数字向上に繋がりやすい傾向の推測です。そのため、1投稿毎に比較するのではなく、3章6節で定めたジャンルごとに検証を行い、傾向を洗い出すことで仮説立てや起因の推測がしやすくなります。

● **検証ポイントと改善ネクストアクション例**

　これまで紹介した4つの検証例の他にも、次のような検証ポイントと改善ネクストアクションが挙げられます。

投稿画像内の文字フォントを変更

　複数のフォントパターンを用意してエンゲージメントやリーチなどの数字向上に繋がりやすい傾向を把握します。

フォント候補イメージ

投稿画像のデザイン（配置や訴求文言、色味の変更）

同じ商品やカテゴリーの投稿で画像の構図や訴求文言などを変更して、より数字を獲得しやすい傾向を検証します。

画像デザイン検証イメージ

寄り or 引き

@snaq.me

文字構成

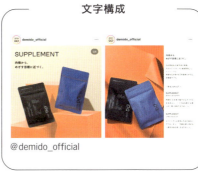

@demido_official

カラフル or シンプル

@kirijp_cp

パッケージ有無

@kirijp_cp

POINT

・いますぐできる運用小技は取り入れる
・傾向分析を基に仮説を立て、自分のアカウントでの成功パターンを検証する

CHAPTER 4-4

投稿企画に躓いたら 「ハッシュタグ分析」

投稿内容が閲覧者の興味を惹き、アクションしたくなる内容であることが重要なため、企画の切り口でも検証や新しいチャレンジが必要です。

≫ ソーシャルリスニングから投稿企画のヒントを得る

　Instagram上での投稿企画に悩んだら、「ターゲット×商品特性」で人気コンテンツのソーシャルリスニングを行い、投稿企画のヒントを得ましょう。ソーシャルリスニングの方法と、その結果を基に作成する投稿企画の例は次の通りです。

例：子育てママ向けアパレルブランドの場合

STEP1 ハッシュタグ分析で投稿の切り口を探す

　まずは、ターゲットがよく使用するであろうハッシュタグから分析を行います。

　今回の例では、「子育てママのファッション」がテーマのため、関連のありそうな「#ママコーデ」を選定します。対象ハッシュタグの人気投稿から、使用頻度の高いハッシュタグを目視で分析し、投稿の切り口を参考にしつつ同時に使われているハッシュタグを積極的に使用します。

対象ハッシュタグの分析から投稿の切り口を検討

対象ハッシュタグを検索する

各投稿内で他に使われているハッシュタグを確認する

#ママコーデ #ママファッション #プチプラファッション #プチプラコーデ #女の子ママ #冬服 #チュールニット #冬服コーデ #bebeod #ベベ

#pualcecin #ピュアルセシン
#春コーデ #春夏コーデ #おでかけコーデ #こどもとおでかけ #ママコーデ #ゴールデンウィーク #ワンピースコーデ #サロペットコーデ #Tシャツコーデ #スニーカーコーデ #converse #サンダルコーデ #大人カジュアルコーデ #カジュアルコーデ #大人コーデ #公園コーデ #旅行コーデ #楽ちんコーデ #高身長コーデ #アラフォーママ #30代ママコーデ #30代ママコーデ #骨格ナチュラル #キャップコーデ #シャツコーデ #シアーシャツ #シンプルコーデ

#ママコーデ #ママファッション #ママライフ #ママバッグ #カジュアルコーデ #カジュアルママコーデ #カジュアルコーデ大人可愛い #きれいめカジュアル #お迎えコーデ #送迎コーデ #幼稚園ママ #ダウンコート #キルティングコート #キルティングスカート #アンテプリマ #ホワイトコーデ #冬コーデ #プチプラ高見えコーデ #コーデまとめ

#着回しコーデ #着回し #カラーコーデ #コーデまとめ #大人カジュアル #大人コーデ #オトナカジュアル #30代ファッション #30代コーデ #スニーカーコーデ #スニーカー女子 #ニューバランス #ママコーデ #ママファッション #女の子ママ #公園コーデ #162cmコーデ #楽ちんコーデ #シンプルコーデ #重ね着コーデ #コーデ記録 #春コーデ #カジュアルコーデ #ゆるコーデ #プチプラコーデ #プチプラ #ユニクロコーデ #ザラ

使用頻度の高いハッシュタグの傾向を分析する

- #プチプラ
- #ユニクロ
- #しまむら
- #ザラ
- #春コーデ
- #着回し
- #カジュアル
- #きれいめカジュアル
- #大人カジュアル
- #シンプルコーデ
- #ワントーンコーデ
- #ゆるコーデ

ハッシュタグを基に投稿テーマの切り口を考える

- 〇〇円以下コーデ
- 夏コーデ／夏服（季節）
- 着回し術
- 1週間コーデ
- カジュアルコーデ
- ワントーン／シンプルコーデ
- ワンピース
- 1着でサマになる

> **STEP 2** ハッシュタグ分析で人気の定番パターンの洗い出し

「#ママコーデ」より、使用頻度の高いアイテムや企画テーマを目視で分析し、人気投稿に表示されやすい定番パターンを洗い出します。

ハッシュタグから人気の定番パターンを洗い出す

ハッシュタグ「#ママコーデ」の人気投稿から見る定番アイテム

・デニム
・サマーニット
・黒スキニーパンツ
・白T
・スニーカー
・テーラードパンツ

これらはママに人気のアイテム、かつ自分で既に持っており、コーデの参考を探しているためエンゲージメントが狙いやすいと考えられる

144　4-4 投稿企画に躓いたら「ハッシュタグ分析」

STEP 3 ソーシャルリスニングで掴んだ傾向から投稿を企画

　ステップ1、2で洗い出したヒントを基に投稿企画を考えます。

投稿企画例①　定番アイテム×着回し術
　「#ママコーデ」でも人気投稿に表示されやすい「デニムシャツ」や「白T」をピックアップし、1週間コーデと題して7つのコーデを紹介します。
　リアクションが得やすい要素をいくつか盛り込んで、エンゲージメント率の向上を狙います。

投稿企画例②　春の運動会コーデ〇選
　運動会は5〜6月に開催されることが多いため、5月は運動会シーズンと言えます。シーズンに絡めた切り口の投稿で、関連するハッシュタグを付けることでリーチ拡大を狙うことができます。運動会の持ち物リストも付けることで、さらに保存数も狙えます。

　このようにターゲットがどのような投稿を求めているのか、**ハッシュタグや人気投稿**を参考にヒントを得ていくことで企画がしやすくなります。
　また、日々Instagram内の投稿に沢山触れて傾向の把握や企画アイデアを検討するなど、ソーシャルリスニングを行うことで感度やセンスを磨くことができます。

　常にインプットしておきたいトピックはハッシュタグフォローを行うことで、おすすめ投稿に表示されやすくなります。

ハッシュタグフォロー

> **POINT**
> ・ソーシャルリスニングを基に投稿企画のヒントを得る
> ・日々のキャッチアップでテーマ設計の感度とセンスを磨く

CHAPTER 5

必ず取り組むべきは「流入導線の明確化」である

5-1 投稿へのユーザー流入に寄与するハッシュタグ設計のポイント

5-2 ユーザーがフォローするかどうかは「プロフィール」が重要！

5-3 興味検討層への情報提供はストーリーズ／ハイライトを活用する

CHAPTER 5-1

投稿へのユーザー流入に寄与する
ハッシュタグ設計のポイント

投稿を見てもらうにはユーザーの流入導線を意識することが重要です。
本節では、アカウントや投稿への流入に寄与するポイントをお伝えします。

≫ 国内ユーザーに向けた投稿には
ハッシュタグが効果的

　アカウントを開設して投稿をしていても、そのアカウントや投稿がユーザーの目に触れなければ意味がありません。数多くのアカウントや投稿が溢れるInstagramでは、**ユーザーの流入導線を意識した設計**が重要となります。

　4章1節でも説明した通り、Instagram上での投稿への流入導線は広告を除くと、「タイムライン」「発見タブ」「検索」「リールタブ」の4種類あります。

Instagram上での流入導線

4種類の中でも、「検索」では下記のような流入導線があります。

・ハッシュタグなどの特定ワードからの流入
・ブランド名やアカウント名を直接入力する指名検索での流入
・地図（マップ）機能によるエリア検索での流入

　さらに検索の中でも、特に日本のユーザーによるハッシュタグ検索はグローバル平均の5倍［»p.17参照］と多く、情報収集の際によく使われる機能です。そのため、ハッシュタグ検索上での人気投稿表示に載ることができれば、フォロワー以外のリーチや新規フォロワーの獲得が期待できます。
　投稿にハッシュタグを付けることは、投稿をターゲットに届けるための手法の一つです。まずは、ハッシュタグの基本を紹介した上で、ハッシュタグ選びのポイントを説明します。

CHAPTER 5　必ず取り組むべきは「流入導線の明確化」である

検索の種類

特定のワードを検索して
アカウントを見つける

ハッシュタグ検索をして
投稿を見つける

指名検索をして
アカウントを見つける

地図検索をして
アカウントを見つける

CHAPTER 5

必ず取り組むべきは「流入導線の明確化」である

151

≫Instagramハッシュタグの基本

　ハッシュタグは商品カテゴリーや商品名、場所、略語などさまざまなものがあり、数字や絵文字も使用できます（スペースと＄や％などの特殊文字は不可）。

　表記の仕方は、半角や全角、漢字、ひらがな、カタカナなどがありますが、それぞれで別のハッシュタグとして認識されるために**各表記で投稿数を確認しておく**のもポイントです（英数の大文字と小文字は同じハッシュタグとして認識されます）。

　また、ハッシュタグは1つの投稿に30個まで付けることができますが、Meta社が広告主向けに配布する資料によれば、フィードでは5個、ストーリーズでは1個を推奨しています。広告を運用しないフィード投稿であれば、ハッシュタグを推奨の個数以上付けていても投稿のリーチなどに影響しないと言われていますが、広告を運用する投稿に推奨の個数以上付けていると広告効果に影響が出るとも言われています。

ハッシュタグ投稿数の確認

CHAPTER 5 必ず取り組むべきは「流入導線の明確化」である

≫ どのようなハッシュタグを付ければ良いか

Instagramでのハッシュタグ選定のポイントは、下記の2つです。

① ユーザーに検索されやすいハッシュタグを選ぶ
② ハッシュタグ同士の関連性を意識する

● ① ユーザーに検索されやすいハッシュタグを選ぶ

　一般名詞や固有名詞のハッシュタグはユーザーがハッシュタグ検索する際に思い出しやすく、検索される可能性は高いです。しかし、投稿するユーザー数も多いことから自分の投稿が人気投稿として表示されるにはハードルが高く、表示されたとしても目に留めてもらうには難しい場合も多いです。

　そのため、投稿内容に沿って**カテゴリーを詳細化したハッシュタグ**と組み合わせて設計を行いましょう。

ハッシュタグの例：メイクやスキンケアなど

```
#今日のメイク              #化粧品レビュー
#メイクマイルーム          #スキンケアアイテム
#メイクレッスン            #スキンケアルーティーン
#メイクプロセス            #スキンケアレビュー
#化粧品収納                #メイク好きさんと繋がりたい
#アンチエイジング化粧品
```

　また**ハッシュタグの投稿数**にも着目して選定してみることもおすすめです。

　投稿数の目安として、ビッグハッシュタグ（投稿数50万件以上）、ミドルハッシュタグ（投稿数10～50万件未満）、スモールハッシュタグ（投稿数1～10万件未満）と置きます。

ビッグハッシュタグばかりを選ぶと、どのハッシュタグも人気投稿に表示されない可能性があります。反対にスモールハッシュタグのみの場合は、投稿数が少ないため人気投稿に表示される可能性が高い一方で、トップに表示された場合でもリーチを大きく伸ばすことができません。

　まずはミドルハッシュタグとスモールハッシュタグの組み合わせからはじめ、徐々に投稿数の多いハッシュタグも混ぜるなど、バランスを取りながらリーチ数やハッシュタグ流入数の伸びを効果検証してみましょう。

● ② ハッシュタグ同士の関連性を意識する

　2つ目のポイントは、**関連性の高いハッシュタグ**を選ぶことです。

　「関連性の高さ」とは、ハッシュタグと投稿画像や内容に関連性があるかという点だけではなく、**投稿に付けているハッシュタグ同士に関連性があるかどうか**ということも意味します。

　例えば「#アイシャドウ」というハッシュタグに対して、「#ブラウンメイク」「#コスメレポ」などはハッシュタグ同士の関連性が高いと思われますが、「#美味しいもの大好き」「#パンのある暮らし」といった食に関するハッシュタグとは関連性が低いと考えられます。

　一方で、関連性の有無を判断するのは難しいので、投稿毎のインサイト情報からハッシュタグ経由のインプレッション数を確認しながら運用するのが望ましいです。

　また、上位表示を狙いたいハッシュタグのトップによく表示されている投稿のハッシュタグを参考に設計しましょう。

　このようなポイントを押さえることで、ハッシュタグ流入数やリーチ数を最大化させることが可能です。

　次の事例は、当社がご支援したうちのハッシュタグ改善実績です。

CASE 01 | ハッシュタグ改善事例

BEFORE

#朝食 #パン作り #おうちカフェ #キャラフード #キャラスイーツ #美術館 #ご応募お待ちしております #ゴッホ #ゴッホのひまわり #ジャパンダ #japanda #panda #worldpanda #pandaofinstagram #panda🐼 #ジャパンダより #パンダ好きな人と繋がりたい #熊猫 #pandagram #SJ #損保ジャパン

いいね	コメント	シェア	保存
707	**5**	**2**	**11**

ご支援前は、企業指定の固定ハッシュタグや企業関連のワード、また固有名詞のハッシュタグで投稿していました。

156 | 5-1 投稿へのユーザー流入に寄与するハッシュタグ設計のポイント

企業名：損害保険ジャパン株式会社

アカウント名：sompo_japan_official

AFTER

具体的な改善内容
指定ハッシュタグを10個に固定する。

具体的な改善内容
写真×トレンドに沿ったビックハッシュタグを3個に選定する。

具体的な改善内容
写真×トレンドに沿ったスモール／ミドルハッシュタグを7個に選定する。

いいね	コメント	シェア	保存
2,345	182	5	92

流行やトレンドを押さえた写真を投稿し、さらにハッシュタグの最適化を行ったことで、ハッシュタグ経由での投稿流入数が増加し、エンゲージメントを獲得することができた事例です。

CHAPTER 5 必ず取り組むべきは「流入導線の明確化」である

●ソーシャルリスニング分析から ハッシュタグ活用のヒントを得る

　ハッシュタグ設計には、実例にあるポイントだけではなく、4章4節で紹介したソーシャルリスニングを基にどういったシーンや心情のときに活用されているのかを理解しておくと、ハッシュタグを活用する際にその意図に沿った投稿ができます。意図に沿わない投稿を行ってしまうとユーザーからリアクションを獲得しづらい可能性もあるため、自分のブランドやターゲットが使うハッシュタグのソーシャルリスニング分析をしておくことをおすすめします。

> **POINT**
> ・ユーザーに検索されやすいハッシュタグを選ぶ
> ・ハッシュタグ同士の関連性を意識する

ユーザーに検索されやすいハッシュタグを選定しよう

自分のアカウントの投稿内容に沿ったハッシュタグをビッグハッシュタグ、ミドルハッシュタグ、スモールハッシュタグからそれぞれ検討してみましょう。

ハッシュタグ	記入欄
ビッグハッシュタグ	 （例）#今日のメイク（約100万）　#メイク好きさんと繋がりたい（約60万）
ミドルハッシュタグ	 （例）#メイクレッスン（約30万）　#メイクマイルーム（約10万）
スモールハッシュタグ	 （例）#メイクプロセス（約5万）　#アンチエイジング化粧品（約3万）

CHAPTER 5　必ず取り組むべきは「流入導線の明確化」である

CHAPTER 5-2 ユーザーがフォローするかどうかは「プロフィール」が重要

フォローするかどうかはプロフィールやフィードの世界観で判断されます。本節ではフォローされるためのプロフィール設計について説明します。

≫プロフィール設計のポイント

　Instagramユーザーは、投稿や直接検索などさまざまな経路でアカウントを訪れ、**プロフィールやフィードの世界観**を見てフォローするかを判断します。そのため、アカウントの情報は充実させておく必要があります。ユーザーがアカウントを訪れた際に、どんなブランドやサービスのアカウントなのか分かりやすい情報を載せることと、検索されやすいであろうワードを予測してプロフィール内に散りばめる対策が重要です。

アカウントプロフィール設計

①アカウントID
②プロフィールアイコン
③アカウント名
④プロフィール文章
⑤ハッシュタグ
⑥サイトURL
⑦ストーリーズハイライト

①アカウントID

　アカウントIDはブランド名やサービス名にするか、検索しやすい長さで覚えやすいワードにしましょう。ブランド名やアカウント名を直接入力する指名検索の際に、表示されやすいIDにすることもポイントです。ブランドやサービスと全く関係のないIDにしてしまうと指名検索時に表示されず、アカウントを見つけてもらうことができなくなってしまいます。

②プロフィールアイコン

　ブランドロゴ画像またはアカウントやブランドを想起できる写真が望ましいです（ブランドを代表する商品やブランドキャラクターなど）。
　ストーリーズでは、アイコンとアカウントIDのみが表示されるため、アイコンで覚えてもらうことで、見てもらいやすくなります。

③アカウント名

　検索されやすいようなワードを入れ込み、検索対策を行うことが重要です。
　長い文章が続くアカウント名だと、覚えづらく検索もしづらいのでバランスを考えて設定しましょう。

④プロフィール文章

　150字以内で「サービス情報」「どんな情報を発信しているアカウントか」を記載します。**プロフィール文章も検索に引っかかる対象**となるため、検索されやすいワードを意識しましょう。

⑤ハッシュタグ

　検索されやすい、かつ投稿数［»p.153参照］が多すぎないハッシュタグを入れることも効果的です。

⑥ サイトURL

　Webサイトやアプリストア、サービスプランや予約が取りやすいサイトをリンク先に設定して導線を作ります。

⑦ ストーリーズハイライト

　過去に投稿したストーリーズを留めることができる場所がストーリーズハイライトです。プロフィールに訪れると目に留まるので、ブランドやサービスの情報や利用方法、特性を明確に記載することで、**フォロワー以外のユーザーに向けての紹介**としても有効活用できます。

　このように、プロフィールはアカウントの顔として店頭やブランドサイト同様の重要性があると考え、整えていきましょう。

POINT

- フォローしたくなるアカウント作りにはプロフィール設計が重要
- プロフィール内には検索されやすいワードを散りばめる

CHAPTER 3-03

興味検討層への情報提供はストーリーズ/ハイライトを活用する

ストーリーズ/ハイライトを活用して、
プロフィールを訪れた際に目に留まる情報設計を行いましょう。

≫ストーリーズ/ハイライトの特徴

　Instagramのストーリーズは、「日常の瞬間をシェア」というテーマの基、短時間の動画や画像を投稿でき、24時間経つと投稿が表示されなくなる機能です。また、このストーリーズをアーカイブ化する「ストーリーズハイライト（以下、ハイライト）」の機能を使用することによりアカウントのプロフィール欄を充実させることができるため、ハイライト機能が導入されて以降、個人や企業を問わずこの機能を使用するアカウントが増えています。

　ストーリーズでは、テキストやハッシュタグを用いて写真や動画を投稿することができます。機能の主な特徴は下記の4つです。

- 1件につき画像は最大6枚、動画は最大60秒（撮影することも、カメラロールから選択して追加することも可能）
- テキストやGIFスタンプなどで加工できる
- 「質問」や「アンケート」、「リンク」などのスタンプ機能がある

　ストーリーズは、フォロワーに届きやすい一方でフォロワー以外のユーザーにはリーチしづらいため、**フォロワーとのコミュニケーションに**

活用することがポイントです。または、ハイライトを利用することで、プロフィールに訪れたユーザーや新規フォロワーの興味喚起に有効です。

≫すぐに実践できるハイライト

ハイライトを作成する際には、次の5つのポイントを意識しましょう。

●①カバー画像と合わせて1つのタイトルにする

ハイライトのタイトルがプロフィールに表示されるのは全角6文字、絵文字込みでは5文字までです。英語は2文字で1文字とカウントされます。タイトルが切れてしまわないように、文字数調整を行いましょう。

カバー画像と合わせて1つのタイトルにする

●②半角空けで贅沢に使う

文字数に余裕がある場合には、半角空けにすることで読みやすく、他アカウントとは違った印象を演出できます。

半角空けで贅沢に使う

●③カバー画像に文字を入れる

　カバー画像に文字を記載することで、タイトルが分かりやすく、目立った印象にすることができます。

カバー画像に文字を入れる

●④カバー画像を統一する

　ハイライトのカバー画像を統一させることで、プロフィールの統一感を出すことができます。

カバー画像を統一する

●⑤タイトルを絵文字のみにする

　あえてタイトルを絵文字のみにして、どんなコンテンツなのかを隠すことでワクワク感を醸成させることができます。

タイトルを絵文字のみにする

このようにハイライト設計のみでも複数のパターンがあり、プロフィールでのブランド演出に効果的です。

≫ストーリーズは作り込みすぎない

　ストーリーズをハイライト活用目的のみで考えると、ブランド紹介を行おうと広告のように作り込んでしまいたくなりますが、フィード投稿と同様に、アカウントの目的やテーマ、コンセプトに沿った上で、フォロワーが好む内容やデザインにすることを意識しましょう。

　ストーリーズは、通常投稿とは異なるオフショットなどの投稿やリアルタイムな内容などを（フィード投稿に比べて）カジュアルに発信できるため、ユーザーがストーリーズをスワイプした際に企業アカウントと他のユーザーによるストーリーズを見比べても違和感のない画像や動画のトンマナであることが大切です。

> **POINT**
> ・ストーリーズ／ハイライトの設定でプロフィールを充実させる
> ・ハイライトによるブランド演出で差別化を図る

CHAPTER 6

Instagramを フル活用する

6-1 アカウントの成長ステップを踏んで
ネクストステージに挑戦する

6-2 多様な機能を活用することで
アカウントを充実させる

6-3 目的に合わせた
キャンペーン設計のコツ

6-4 ブランドの
パートナー化を目指す

CHAPTER 6-1 アカウントの成長ステップを踏んでネクストステージに挑戦する

自分のアカウントが現状どのようなフェーズにいるのか成長ステップを考えながら、実施すべき機能や施策を選択していきましょう。

≫ 活用機能と施策の優先順位を決める

　Instagramアカウントは、どのブランドでも、運用をはじめてすぐ新規ユーザーを獲得したりファンが集まりコミュニケーションを取ったりできるわけではありません。

　アカウント開設段階では、現状のブランド力（知名度やファンの多さ）によって、アカウントの成長の速さが変動します。そのため、やみくもにさまざまな機能や手法に手を出すのではなく、アカウントの成長ステップをイメージしながら、活用すべき機能や施策を選択していきましょう。

アカウントの成長ステップ

STEP1 アカウント土台構築
STEP2 コミュニケーションを重視した運用
STEP3 コミュニティの形成・拡大
STEP4 Instagram マーケティングの拡大

2024年7月現在のInstagramアカウント上で作成できるコンテンツは次の通りです。

- リール
- 投稿
- ストーリーズ
- ストーリーズハイライト
- ライブ
- おすすめ

≫ステップごとの施策と優先順位

上記を活用しながら、ステップ1〜4で行うべき施策を紹介します。

STEP1 アカウントの土台構築

まずは本書に記載している運用戦略／方針設計（3章参照）、プロフィールやハッシュタグの設計（5章参照）などの基礎設計を固めましょう。その後に投稿をしていきますが、全ての投稿を同じボリュームで行うのではなく、**優先順位を意識して投稿**していきます。

アカウント土台構築期には、無理にさまざまな機能や施策を実施するのではなく、基本の投稿機能（リール、投稿、ストーリーズ、ストーリーズハイライト）を中心に運用することをおすすめします。

アカウント土台構築期の投稿の優先順位

　アカウント開設段階では、フォロワーがまだ少ない状況下のため、より投稿を届けるリーチを意識し、まずは**アカウントを知ってもらうフェーズ**になります。アカウント開設から時間が経っていたとしても、フォロワー数の目安として5000人未満のアカウントはアカウント土台構築期として投稿の優先順位を意識していくことをおすすめします。

優先順位 ①：リール

　リール投稿は現状、リールタブがあり、フィードやプロフィール上にも同時掲載ができるため、露出面が多くリーチを獲得しやすいと言われています。そのため、アカウントを多くの人に知ってもらうフェーズである土台構築期ではリールを積極的に活用すべきだと考えます。

優先順位 ②：投稿（フィード投稿）

　リールはフィードにも表示させることができますが、通常の投稿も実施していきましょう。
　リール投稿は動画という特性上、流し見だけのユーザーも一定数いるため、エンゲージメントが獲得しづらい可能性もあります。ユーザーからのエンゲージメントを獲得しやすい土台作りとして、通常投稿は欠か

せないと考えます。

優先順位 ③：ストーリーズ

　ストーリーズは基本的にはフォロワーへの露出がメインとなるため、土台構築期にはリールや通常投稿より優先順位を下げて問題ありません。しかし、p.163でも紹介したようにアカウントプロフィールに訪れたユーザーへの情報提供に繋がりやすいため、ストーリーズハイライトへの設置を目的としたストーリーズ投稿を行うと良いでしょう。

優先順位 ④：ストーリーズハイライト

　ストーリーズ投稿を行ったら、ストーリーズハイライトの設定を行い、プロフィールを充実させましょう。

STEP 2　コミュニケーションを重視した運用

　アカウントの土台構築ができたら、徐々に**コミュニケーションを重視した運用**を意識していきます。p.112でも紹介したアルゴリズムを意識しながら細かなPDCAを回し、ユーザーが求める情報を展開してアカウントの有益性を高めましょう。

コミュニケーション重視期の投稿の優先順位

作成

- リール　優先順位 ③
- 投稿　優先順位 ①
- ストーリーズ　優先順位 ②
- ストーリーズハイライト
- ライブ
- おすすめ

コミュニケーション重視期では、投稿ごとに一定の露出やエンゲージメントを確保できている状態を想定しています（リーチやエンゲージメントの数字については、サービスや商品のカテゴリーによって大幅に異なるため、数字目安としてはフォロワー数5000人以上とする）。

優先順位①：投稿（フィード投稿）

　アカウント内で提供する情報の基本となる通常の投稿でしっかりエンゲージメントを獲得できる状態を目指します。いいね、保存に加えて、コメントが集まる投稿を意識しましょう。

優先順位②：ストーリーズ

　一定のフォロワーが集まったらハイライト用の情報発信だけではなく、フォロワーとのコミュニケーションを意識したストーリーズも積極的に取り入れましょう。アクションスタンプなどを活用したストーリーズでのライトなアクションをベースにコミュニケーションを取りやすいアカウントを目指すことができます。

優先順位③：リール

　一定の露出やエンゲージメントを確保できているとしても、新しいユーザーへの接触機会は逃さず作っていけるようにリール投稿も定期的に行いましょう。もし運用しているアカウントが通常投稿よりもリール投稿のほうがいいねだけではなく、コメントのエンゲージメント獲得ができている場合には、優先順位の①と③を入れ替えても良いでしょう。

STEP3　コミュニティの形成・拡大

　ストーリーズでのアクションや投稿でのコメントが集まるようになったら、Instagramアカウント内での**コミュニティ形成**を図ります。基本はコミュニケーションを重視した運用になるため、投稿の優先順位はス

テップ2と変わりませんが、コミュニティ形成期では下記を意識します。

- リール、投稿、ストーリーズにおいて、コメントやDMでの双方向のアクティブなコミュニケーションを取る
- ライブ配信など多様な機能を活用し、アカウント内の情報やコミュニケーションが取れる機会を充実させる

これらの実施に向けた詳細は、次節で説明します。

STEP 4 Instagramマーケティングの拡大

アカウント内でのコミュニティが形成できたら、アカウント運用以外の施策連携を意識していきましょう。これまで説明した**アカウント運用以外のInstagram上で実施できる施策**によってInstagram全体を活用したマーケティング設計と活動を行うことで、ビジネスへのさらなるインパクトを期待できます。この実施に向けた詳細は、本章の3～4節で説明します。

アカウント成長ステップの全体像

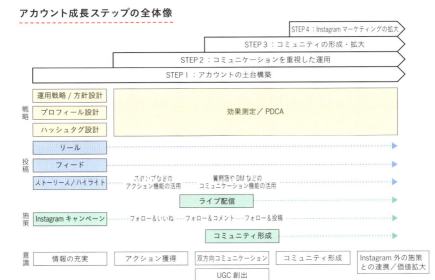

ここまでInstagramアカウントの成長ステップを説明しましたが、どのブランドや商材でも全く同じ手法やステップで進行できるわけではないことには注意が必要です。4章1節で説明したアルゴリズムの変化への対応と、ブランドユーザーやフォロワーの特性に合わせたコミュニケーションが重要になるため、本書で紹介したステップを基に流れをイメージしながらも運用し、細かな微調整を行うようにしましょう。

≫ 成長ステップに合わせた投稿を行う

　アカウントのフェーズによって最適な投稿は異なります。下記を参考にエンゲージメントを獲得することができる投稿を目指してステップ毎にPDCAを回していきましょう。

ステップに合わせた投稿の考え方（フィード／リール）

> **POINT**
> ・アカウント立ち上げ後すぐに新規ユーザーの獲得ができたり、ファンが集まりコミュニケーションが取れたりするブランドばかりではない
> ・成長ステップをイメージした上で活用する機能や手法の優先順位を決め、実施する

CHAPTER 6-02 多様な機能を活用することでアカウントを充実させる

Instagramの多様な機能を上手く活用し、充実したアカウント運用を目指しましょう。本節では、おすすめの機能とその活用法を紹介します。

≫おすすめ機能と活用法

　Instagramはアップデートが多く、多様な機能が存在します。それらの機能を状況に合わせて取り入れ、活用しましょう。本節では、ここまでの運用手法の解説で紹介しきれなかった機能について、その運用効果を紹介します。

●拡散効果の高い「リール」

　リールとはInstagram上で作成した短尺動画の投稿の発信や、他アカウントから発信された投稿を視聴することができる機能です。

　リールは、音源（楽曲やオリジナル音源）やARエフェクト（カメラを起動した際に顔や背景を加工できる機能）を付けて投稿することができます。同じ音源やエフェクトを使って作成された動画と一緒にリールタブに表示されたり、キャプションにハッシュタグを含めるとハッシュタグの検索結果に表示されたりするため、より拡散効果が見込めます。

　フィード投稿に合わせて投稿することもでき、カバー写真の変更も可能なのでプロフィールに投稿が並んだ際にも一貫性ある表現が可能です。

プロフィールに並んだリールのイメージ（@snaq.me）

●コミュニケーション活性を狙う「Instagramライブ」

　Instagramライブ（以下、インスタライブ）の特徴は、フォロワーとリアルタイムでコミュニケーションが取れることです。他の投稿機能（リールやストーリーズ、フィードの動画投稿）でもユーザーとコミュニケーションは取れますが、リアルタイムで視聴者から意見や質問を聞き、その場で回答できることが大きな魅力です。

　また、他のユーザーと一緒に配信（コラボ配信）できるのも特徴の一つです。他のユーザーのフォロワーによる視聴が増えることで、自分のアカウントのフォロワー以外にリーチすることができます。

　インスタライブでは、下記の機能を利用できます。

- 招待：他のユーザーを（3名まで）招待する機能
- エフェクト：画面にフィルターを追加する機能
- 画像や動画の共有：配信画面に画像や動画を表示できる機能
- 保存：配信した動画を保存できる機能
- コメントや質問、参加リクエストのオフ：視聴者からのリアクションなどをオフする機能
- アーカイブ投稿：ライブ配信後にプレビューを投稿として残すことができる機能

　また、視聴者は下記の機能を利用できます。

- いいね、コメント：ライブ配信へのリアクション機能
- シェア：InstagramのDMや他のプラットフォームなどに動画をシェアする機能
- Q&A：質問を送る機能
- 参加リクエスト：ライブ動画への参加をリクエストする機能

ライブをスタートするとフォロワーに通知され、徐々に視聴者が集まります。視聴者はコメントやQ&A機能を使って意見や質問を送ることができるので、集まる内容にできる限り応え、双方向のコミュニケーションを取ることが重要です。

プロフィールに並んだライブ配信のアーカイブ投稿のイメージ（@snaq.me）

● シームレスな購入導線を実現する「ショッピング機能」

　ショッピング機能とは、投稿に表示される商品に商品名や価格が記載されるタグを付けることができ、アカウント内に商品紹介専用ページを作ることができる機能です。ショッピング機能は、フィード投稿やストーリーズだけではなく、プロフィール上にショップボタンを付けたり、保存済みの投稿一覧ではショップの商品のみを確認したりすることができるため、ショッピング目的のユーザー導線がシームレスで活用しやすいことが特徴です。

Instagramのショッピング機能が使える場所（@hokuoh_kurashi）

ストーリーズ／ハイライト

リール

フィード

ビジネスプロフィール

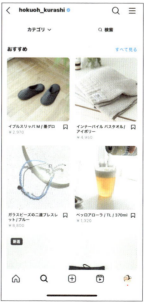

●投稿（フィード）の追加機能

　フィード投稿では他アカウントのタグ付けや位置情報タグ、ショッピングタグ、音楽の追加、イベント情報などを追加することが可能です。

　イベントや店舗への集客を行いたい場合には、特に次の2つの機能を活用すると便利です。

イベント情報・リマインダー追加

　イベントに限らず新商品のローンチやインスタライブの日程を設定して、イベントとして通知することができます。

イベント情報・リマインダー投稿のイメージ

フィード・投稿の見え方

地図検索機能・位置情報タグ

　近隣の人気スポットを発見できる地図機能です。位置情報とアカウントが一致している場合は地図検索機能でビジネスの公式アカウントも表示されるため、店舗や施設を持つビジネスにとっては、自社をユーザーに発見してもらう機会にもなります。

　位置情報タグはフィードだけではなく、ストーリーズやリールでも活用可能です。

地図検索機能のイメージ

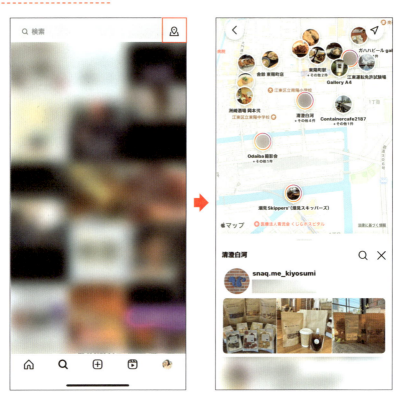

位置情報タグ使用（ストーリーズ）のイメージ（@snaq.me）

※上記画像に掲載されている情報は原稿作成時のものです。

　紹介した機能の他にもテスト運用中の機能や、今後も追加される機能もあるでしょう。ユーザーの導線やアクションを意識しながら、それぞれの機能をアカウントやブランドの状況に合わせて、上手く活用していくことがポイントです。

> **POINT**
> ・アカウントの状況や目的に合わせて機能を上手く取り入れた運用を行う
> ・多様な機能を活用し、アカウント内の情報やユーザーとのコミュニケーションを充実させる

COLUMN

ショッピング機能の利用条件

ショッピング機能の利用にはいくつかの条件が存在します。
利用したい場合は、利用条件を確認しておきましょう。

ショッピング機能の利用条件を確認する

ショッピング機能を使うことができるアカウントには下記条件があります。

① Facebookの提供者契約とコマースポリシーに準拠していること

② Instagramビジネスアカウントがあること

③ Facebookページがリンクされていること
　※［購入のためのメッセージ］オプションを使用しているFacebookページでInstagramショッピングを使用するには、ショップを削除してから別の支払い方法で新しいショップを作成する必要がある
　※Facebookページに設定した国や年齢の制限はInstagramアカウントに引き継げない

④ 主に有形商品を販売していること

⑤ InstagramビジネスアカウントがFacebookカタログにリンクされていること
　※作成と管理には、Facebookのカタログマネージャかビジネスマネージャもしくは、Shopify、BigCommerceプラットフォームを使用

CHAPTER 6-03 目的に合わせたキャンペーン設計のコツ

アカウント外での関係構築や短期的なフォロワーの増加、話題化を狙いたい場合に実施する施策について紹介します。

≫ キャンペーンの実施ステップ

　Instagramキャンペーンは、一時的にフォロワーやユーザーの意向を刺激してエンゲージメントを増やす「Promotion型」の施策を指します。一方、フィードやストーリーズなどに投稿し、フォロワーとコミュニケーションしながらエンゲージメントやアカウントに対する好意的な感情を積み重ねていく運用の方法を「Always On型」と呼びます。

Always On型とPromotion型

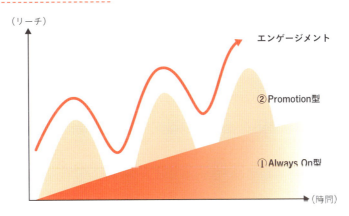

p.187の図内のエンゲージメントが右肩上がりで積み重なっている様子を表しているのがAlways On型です。日々の運用で中長期的にエンゲージメントを高めていき、定期的にプロモーションを実施することで、より運用目的の達成（企業やブランドへの想起率や好意度の向上）に近づけることができます。
　一方、エンゲージメントが波打っている様子を表しているのがPromotion型です。

　一般的なInstagramキャンペーンは、アカウント内の投稿で告知を行い、ユーザーが通知に対してアクション（フォローやいいね、コメント、投稿、別サイトでのアンケート回答など）することで参加でき、プレゼントキャンペーンであれば当選したユーザーがプレゼントを受け取ることができるという座組です。
　Instagramキャンペーンを実施する際には、下記の4ステップで行います。

1：キャンペーンの目的を整理する
2：キャンペーン内容を設計する
3：キャンペーンを実施する
4：キャンペーンの効果測定をする

　ステップ1で整理するキャンペーンの目的によって、ステップ2以降の内容設計や実施、効果測定方法が変わるため、目的の整理はとても重要となります。

》目的別に有効なキャンペーンの実施

　ここでは目的に合った有効なキャンペーンの3つの型を紹介します。

① フォロー&いいね型

　この型を使用すると、ユーザーはアカウントをフォローして投稿にいいねをすることでキャンペーンに参加でき、キャンペーンを実施するアカウントは**フォロワー獲得**が期待できます。

　日々の運用だけでアカウントのフォロワー数を大幅に増やすことは難しく、またフォロワー獲得を目的にした広告も現時点ではないため、フォロワー獲得に伸び悩んでいるアカウントや短期的にフォロワーを獲得する（アカウント土台構築を促進したい）ことを目的としている場合に最適な座組です。

　ただし、キャンペーンに参加するハードルが低くフォロワー数が増えやすい一方で、アカウントのターゲットではないユーザーがフォローする可能性も高いため、**当選するプレゼントや対象者をターゲットに絞ったキャンペーン内容**を設計するのが望ましいです。

　フォロー&いいね型キャンペーンの実施だけで、フォロワーが思うように増えない場合には、フォロワー以外のリーチを獲得するための広告運用や投稿のハッシュタグ選定ができているかどうかを確認しましょう。予算が潤沢ではなく広告を運用しない場合は、フィード投稿のリーチを少しでも増やすためのハッシュタグ選定がおすすめです。

フォロー&いいね型キャンペーンのイメージ（@sompo_japan_official）

② フォロー&コメント型

　この型を使用すると、ユーザーはアカウントをフォローすることに加えて投稿にコメントすることでキャンペーンに参加することができます。

　いいねではなくコメントをしてもらう必要があるため、キャンペーンへの参加ハードルはフォロー&いいね型より高まりますが、アカウント運用のターゲットなど**コミュニケーションしたい相手がフォロワーになる可能性が高まり**、フォロワー以外にアカウントやブランド、商品について考えてもらうきっかけに繋がります。

　また、アカウントのフォロワーによるコメントが、フォロワー以外のユーザーの目にも触れることで、よりアカウントやブランド、商品に興味を持ってもらいやすくなるとも考えられます。

　そのため、エンゲージメント獲得に伸び悩んでいるアカウントや、ユーザーとのコミュニケーションやコメントを集めるきっかけ作りを目的にしたい場合に最適な座組です。

　質の高いコメントを集めたい一方で、コメントをするハードルが上がってしまうと参加者が集まりづらい傾向にあるため、**現状のアカウントでのコメント状況に合わせて設計**することがポイントです。コメントしやすい内容にする他、投稿にコメントの例を書いたり、選択肢を与えたりすることで参加しやすくなります。

フォロー&コメント型キャンペーンのイメージ（@sompo_japan_official）

6-3 目的に合わせたキャンペーン設計のコツ

③ フォロー&投稿型

　この型を使用すると、ユーザーはアカウントのフォローに加えてフィードやストーリーズに投稿することで、キャンペーンに参加できます。投稿をしてもらう必要があるため、フォロー&いいね型やコメント型に比べてユーザーの参加ハードルがより高くなりますが、UGCやクチコミが増えることで**普段リーチできないユーザーにまで情報が届く可能性**があること、さらにはユーザーによる発信の方が（企業による発信より）信頼性が高いと感じてもらいやすいことなどがメリットとして挙げられます。

　この型の場合、UGCをいかに増やすことができるかが重要です。UGCを通じてブランドや商品に関する情報がInstagram上に増えることにより、ブランドや商品の注目を集めることに繋がります。

　キャンペーンの内容次第で、フィード投稿かストーリーズを選択するのが望ましいでしょう。

　フォロー&投稿型キャンペーンを実施して、期待していたUGCが投稿されない場合は、キャンペーン内容を見ただけで投稿するイメージが湧くかどうか、商品やサービスがなくても投稿できる設計になっているかどうかを確認しましょう。

　フォロー&投稿型のキャンペーンを設計する際は、ソーシャルリスニング［≫p.75参照］などを活用し、既に同様の投稿があるかどうかを確認するのもポイントです。ターゲットユーザーが既に投稿しているということは、言い換えると投稿ハードルが低いということになります。既に投稿されている方がキャンペーンを実施した際も投稿が増えやすいと言えます。

フォロー&投稿型キャンペーンのイメージ（@sompo_japan_official）

フィード・投稿の見え方

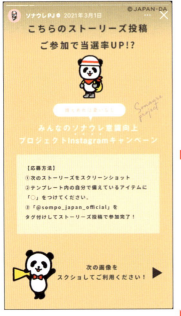

これら3つの型を「UGCが発生しやすい／発生しづらい」と「キャンペーンへの参加ハードルが高い／低い」の二軸でプロットした図が以下です。

Instagramキャンペーンの3パターンの特徴

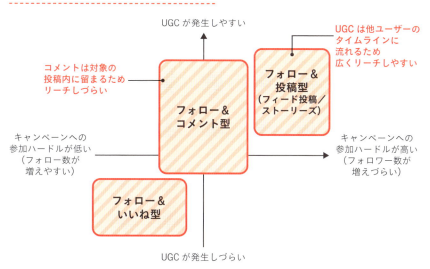

》プレゼントキャンペーンを行う場合のポイント

プレゼントキャンペーンの場合には、型の選定だけではなくキャンペーンの**ターゲットが参加したくなるようなプレゼント・商品を選べているかどうか**がキャンペーン参加者数増加に繋がる重要なポイントです。

また、当選数を増やすのも効果的です。例えば、「3名様へプレゼント」といった内容だと参加しても当選する確率が低いようにも感じますが、「30名様へプレゼント」だと確率が高いように感じる場合もあります。

もし商品を購入、もしくはサービスを体験した人の感想を募るようなキャンペーン内容になっている場合は、参加できる人数がそもそも少ない可能性があります。購入・体験していない人も参加できるように設計すると、より多くの参加数を期待できるでしょう。

●Instagramキャンペーンの注意点

　Instagramキャンペーンは目的に沿って実施するだけではなく、Instagramの利用規約やコミュニティガイドライン、プロモーションガイドライン、開発者ポリシーに準拠した内容で設計することも重要です。特にコミュニティガイドラインに書かれている下記の内容を守ったうえで、健全な相互コミュニケーションの一貫としてキャンペーンを実施しましょう。

　「いいね！」やフォロー、コメントを含むやり取りの見返りに、金銭や金券などのプレゼントを申し出たりしないでください。

　※引用元：コミュニティガイドライン
　　（https://help.instagram.com/477434105621119/?locale=ja_JP）

> **POINT**
> ・アカウントの目的に合わせて最適なキャンペーンの型を選定すること
> ・Instagramの利用規約やガイドラインを守った上でキャンペーンを実施すること

CHAPTER 6-04

ブランドのパートナー化を目指す

Instagramマーケティングの拡大を意識する際に、
アカウント外で実施すべき施策についてお話しします。

≫ Instagram内でのブランドパートナー

　1章2節で説明した通り、Instagramは価値共創を重視しています。そのため、ブランド価値を最大化させるためのアカウント運用以外の施策として、ファンやクリエイター（インフルエンサー）とのコミュニケーションを強化します。

　本節で紹介する内容は大多数への発信によるコミュニケーションではなく、ファンやクリエイターとの個別コミュニケーションを想定しています。

Instagramの掲げる価値共創マーケティング（再掲）

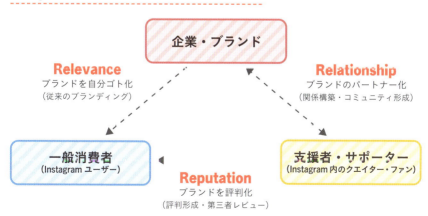

197

「ブランドパートナーによる評判形成」と聞くとインフルエンサーによるPR投稿をイメージする方が多いのではないでしょうか。
　フォロワー数が多い影響力のあるユーザーに投稿をしてもらえば、評判形成や新規顧客への影響度も高いと考えている方もいらっしゃるかもしれません。
　しかし、ここで目指すべき「ブランドのパートナー化」は、フォロワー数の多いインフルエンサーに投稿してもらうといった、単なるPR投稿ではありません。パートナーとは中長期的に関係を築くブランドの支持者であり、「ブランドのパートナー化」とは**ブランドに対する想いや熱を周囲に伝えたり、新たな価値を共に創り上げたりする活動**です。

　2020年6月に当社が実施した「"売りにつながる"ソーシャルメディアとインフルエンサーの実態調査（※1）」によると、マーケティングファネルの各領域において「インフルエンサー（フォロワー数や登録者数が多く、発信内容が多くの人の商品購入などに影響をもたらす発信者）」よりも「インフルエンサーではないが特定のカテゴリーや領域に詳しい投稿者」「インフルエンサーではないがライフスタイルや趣味などが自分と似ている投稿者」による影響度が上回っていることが分かります。必ずしもフォロワー数の多いインフルエンサーの影響度が高いわけではないということです。

　※1：*"売りにつながる"ソーシャルメディアとインフルエンサーの実態調査*（https://www.tribalmedia.co.jp/download/15391/）

投稿による影響度比較

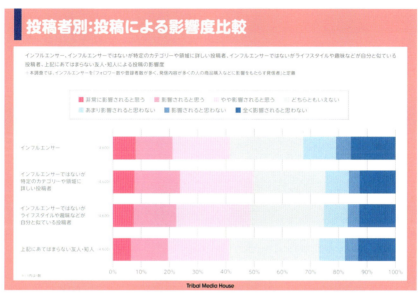

引用元：最適なインフルエンサーとは？　フォロワー数以外の見極め方
(https://www.tribalmedia.co.jp/note/influencer-210819/)

　そのため、ブランドのパートナーと成り得る対象者はフォロワー数以外の指標とあわせて選ぶ必要があることが分かります。投稿内容やクオリティ、更新頻度など**ブランドへの熱量とフォロワーへの影響度**が指標になります。ブランドパートナーは、**中長期的に関係を築きながらユーザーに共感されやすいお手本の投稿を行い、Instagram内でブランドを一緒に盛り上げていく存在**だと考えます。

インフルエンサーとブランドパートナーの違い

	インフルエンサー	ブランドパートナー
関係性	商品提供で投稿を行う報酬ありきの依頼	ブランド側が成長を支援する仲間 利益関係なく自然発生したファン 商品軸だけでない文脈 （無報酬で商品提供のみの場合も多い）
指標	フォロワー数重視	内容やクオリティ、更新頻度
期間	短期、スポット	中長期（1年契約など）
目的	リーチ目的	エンゲージメント、共感目的
ユーザーから見た印象	広告の一部	共感、お手本的投稿
メリット	投稿修正も可能なため発信内容をある程度コントロールできる	あくまで投稿内容はユーザーに委ねるため広告感なく発信することができる
デメリット	フォロワー数が多いほどアサイン費用が高くなる	発信内容を細かく指定・修正がしにくい

　また、ブランドパートナーは商品開発やイベントの開催などInstagram内だけではない活動や施策に繋げることができる可能性もあり、マーケティング全体の拡大も期待することができます。

≫ブランドパートナーの見つけ方

　それでは、フォロワー数以外のどんな基準で対象者を見つければ良いのでしょうか。そのポイントは下記の2つです。

① 企業やブランドに対して熱量があること
② フォロワーの消費行動（意識・態度・行動変容）に影響力があること

① 企業やブランドに対しての熱量

　関係値を築くにあたり、企業やブランド、商品に好意を抱いているかはとても重要です。そのため、普段から**熱量高く投稿をしてくれているユーザー**の中から見つけましょう。ブランドからのコミュニケーションや依頼を嬉しく感じるだけではなく、ファンならではの目線で投稿し、愛ある文章で投稿を見た人の気持ちを動かすことが期待できます。

　まだ商品やサービスを使っていない候補者の場合には、カテゴリーに関する知識や経験を持っている必要があります。自分のブランドや商品について投稿する際に、**ユーザー自身の知識や経験に基づいて投稿・レビューできるのか**という点を重視しましょう（例えばキャンプに関するカテゴリー商品の場合には、キャンプ用品の用途を理解しているか、キャンプ歴はどのくらいなのかなど）。

　こちら側も対象者についてよく知ることでミスマッチを防ぎ、丁寧なコミュニケーションを心掛けることが大切です。

　また、良いことばかりではなく本心や本音で書かれたコメントほど、フォロワーは（PR投稿であっても）信用できる情報として受け取る可能性が高いと考えられます。熱量が高い人とは、良い点だけを語ってくれる人ではなく、**商品の良い点と悪い点踏まえて推奨行動を起こしてくれる人**なのです。

② フォロワーの消費行動（意識・態度・行動変容）に影響力があること

　「フォロワーの消費行動（意識・態度・行動変容）に影響力があること」とは、ブランドパートナーの投稿によりフォロワーが商品に興味を抱いたり、購入したいと感じたり、実際に購入に繋がったりすることを意味します。

　ブランドや商品に関する投稿を依頼した場合に、**パートナーが発信する情報とフォロワーが期待している情報がマッチしているか**が重要です。

例えば、Instagramでキャンプに関するコンテンツを投稿している女性インフルエンサーに、自宅で使用する化粧品に関するPR投稿を依頼したとします。キャンプに関する投稿が多い中で、突然化粧品に関するPR投稿が流れてくると、普段の投稿とPR投稿のギャップが大きく、キャンプ情報を期待しているフォロワーは自分に関係がないと思いスルーしてしまうでしょう。

　フォロワーが期待している情報を発信しリアクションしてもらう（認知獲得や購入・利用意向の向上に繋げる）ために、パートナーが日頃からどのようにフォロワーとの関係を築いているかをストーリーのコミュニケーションや投稿のコメント欄から把握しておきましょう。

≫ブランドパートナーとの関係構築

　ブランドパートナーの熱量を高い状態に保つことは、手法以上に**どのようなコミュニケーションをしていくか**がとても重要になります。熱量の高いファン（ブランドパートナー）が持つブランドに対する期待値は高く、コミュニケーションの方向性が違うと失望してしまうのです。ファンの期待に応える、または期待値を超えるため、独自の文脈やコミュニケーションが不可欠です。ブランドパートナーとのコミュニケーションの例は次の通りです。

定期的なコミュニケーション

　毎月1回を目安にSNSのDM機能を通じて、投稿のポイントに関する情報を配信します。テキストは、読むことで新たな投稿のきかっけとなるような伝え方や内容にしましょう。

定期的な関連のあるプレゼント

　2〜3カ月に1回程度、シーズンごとにおすすめの関連商品を送付し

ます。担当者からのメッセージを添えることで、SNSの投稿モチベーションに繋げます。

ミートアップ

年2回程度、担当者とパートナーが直接交流できるミートアップの場を設けます。使い方のハウツーや撮影ハウツーなど、投稿モチベーションに繋がる企画を行いましょう。

多くのタネをまいて人数を増やしていくことが大事なのではなく、**関係性の強いブランドパートナーを育てる**ことが重要です。

SNSに発信させるオファーではなく、コミュニケーションを通してSNSに発信したくなる環境を創り上げていきましょう。

種まきではなく育成

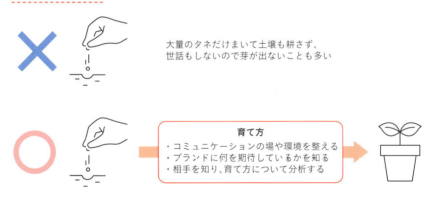

POINT
- ブランドパートナーとして熱量の高いファンを見つけ育てる
- 中長期的に関係を築きながらユーザーに共感されやすいお手本の投稿を生み出す

索引

記号・数字

3つのR ... 024

アルファベット

Always On型 ... 187
ARエフェクト ... 175
Evoked Set（想起集合） ... 048
F1層 ... 062
Indicator／中間目標 ... 068
Instagramマーケティングの拡大 ... 173
Instagramライブ ... 177
Interest（興味関心） ... 112
KGI ... 168
KPI ... 168
M1層 ... 162
PDCA ... 119
Promotion型 ... 187
PULL型コミュニケーション ... 028
PUSH型コミュニケーション ... 028
Relationship（ユーザーとの関係性） ... 113
Relevance ... 024
Reputation ... 024
Timeliness（投稿時間、投稿頻度） ... 112
UGC ... 120,138,193

あ行

アカウントID ... 161
アカウントの成長ステップ ... 168
アカウントの土台構築 ... 169
アカウント名 ... 161
アルゴリズム ... 023,112,115
アンケートスタンプ ... 130
アンケート調査 ... 71
いいね ... 024,56,116
いいね数 ... 073,126,138,156
位置情報タグ ... 184
インフルエンサー ... 198
インプレッション ... 056,120
インプレッション数・率 ... 056,073,126,137
売上を上げる要因 ... 042
運用目的 ... 041
エンゲージメント ... 036,070,116,137
エンゲージメント数・率 ... 056,071,073,137,157
オリジナルハッシュタグ ... 138

か行

改善事例 ... 156
価格戦略 ... 043
課題 ... 042,057,074
価値共創マーケティング ... 022
カルーセル（複数枚）投稿 ... 131
関連情報発信型 ... 084,100
機能的価値 ... 090
キャンペーン設計 ... 187
競合分析（Competitor） ... 122
興味関心コンテンツ型 ... 086,104
琴線スイッチ ... 075
現状数値 ... 121
好意度向上 ... 050,055
効果測定 ... 119
交換価値 ... 022
購入後のコミュニケーション ... 053
購入前のコミュニケーション ... 052
購買行動プロセス ... 028

購買プロセス ……………………………… 044
顧客エンゲージメント ………………… 043
顧客理解 …………………………………… 043
コミュニケーションを重視した運用 …… 171
コミュニティガイドライン ……………… 196
コミュニティ形成 ………………………… 024
コミュニティの形成・拡大 ……………… 172
コメント ………………………… 024,056,116
コメント数 …………………… 073,126,156
コメント呼びかけ ………………………… 135
コラボ配信 ………………………………… 177
コンセプト策定 …………………………… 090

さ行

サイコグラフィック ……………………… 062
最終目標 …………………………………… 068
サイトURL ………………………………… 162
シグナル …………………………………… 112
自社分析（Company） …………………… 122
市場／ユーザー分析（Customer） …… 122
質問スタンプ ……………………………… 128
指名検索 …………………………………… 030
受動的接触 ………………………………… 074
情緒的価値 ………………………………… 090
ショッピング機能 ………………… 036,179
ショッピング機能の利用条件 …………… 186
ショッピングタグ機能 …………………… 027
親密度 ……………………………………… 112
スタンプ（場所、メンション、ハッシュタグ）
………………………………………………… 128
ストーリーズ ………… 099,103,107,113,132,163
ストーリーズインサイト ………………… 127

ストーリーズハイライト ………… 162,163
スモールハッシュタグ …………………… 154
製品／サービス開発 ……………………… 043
世界観訴求型 ……………… 062,086,095
潜在顧客 …………………………… 039,045
想起率向上 ………………………… 050,055
ソーシャルリスニング …… 075,142,158
訴求内容 …………………………………… 094

た行

ターゲット ………………………………… 060
第一想起ブランド ………………………… 048
地図（マップ）機能 ……………………… 149
地図検索機能 ……………………………… 184
デモグラフィック属性 …………………… 061
投稿 ……………………… 017,070,074,140
投稿カテゴリー …………………………… 094
投稿配分 …………………………… 099,103,107
トライブ …………………………………… 061
トライブマップ …………………………… 064

な行

能動的接触 ………………………………… 074

は行

ハイライト ………………………………… 163
発見タブ …………………………………… 148
ハッシュタグ ……… 017,061,138,152,161
ハッシュタグ検索 ………………… 016,149
ハッシュタグ設計 ………………………… 148

205

ハッシュタグ投稿数	153
ハッシュタグフォロー	146
ハッシュタグ分析	142
バロメータースタンプ	130
販売チャネル（場所）と流通	043
ビジネスアカウント	035
ビッグハッシュタグ	154
フィード	081,182
フィードインサイト	126
フィード投稿	081,131
フィジカルアベイラビリティ	047
フォロー&いいね型	189
フォロー&コメント型	191
フォロー&投稿型	193
フォロワー数	069,073,120
ブランド・エクイティ（ブランド価値）	049
ブランド構築	043
ブランドサイト化	032
ブランドパートナー	197
フレームワーク（3C）	121
プロフィールアイコン	161
プロフィール設計	160
プロフィール文章	161
文脈価値	022

ま行

マーケティング	038,041
マーケティングコミュニケーション	043
マーケティングファネル	044
ミートアップ	203
メンタルアベイラビリティ	047

目的	041,050,055,067
目標	056,068

や行

ユーザー導線	027,115,132
ユーザーの利用状況	016

ら行

リーチ	073,112
リーチ数	056,073,137
リールタブ	148
リマインダー追加	182
連動ストーリーズ	132

久保杏菜

株式会社トライバルメディアハウス　プロデューサー

プロデューサーとしてInstagramをはじめとしたSNS戦略策定の提案、アカウント運用・プロモーション企画に従事。また大手企業への支援を推進する営業部を統括。Instagramを活用した支援のスペシャリスト。Facebook Japan社より「Instagram運用に強い企業」として紹介される当社の第一人者。

◯トライバルメディアハウス　公式X
https://x.com/tribal_news

◯掲載協力
Instagram:
SALONIA（サロニア）（@salonia_official）
Photoli（フォトリ）（@photoli_info）
ミーラボ　ベースケア＆コスメ情報（@mii_labo）
Kiri®／キリ（@kirijp_cp）
ミスタードーナツ（@misterdonut_jp）
東京パン屋巡り パンくん Hiroyuki Ifuku（@pan.commu）
【公式】損保ジャパン（@sompo_japan_official）
タリーズコーヒージャパン（@tullyscoffeejapan）
momochy ももちー（@momochy_）
おやつ体験BOX snaq.me スナッシュミー（@snaq.me）
keke／暮らしのキロク（@keke_day_）
DEMI　DO【デミドゥ】（@demido_official）
北欧、暮らしの道具店（@hokuoh_kurashi）

●本書サポートページ
https://isbn2.sbcr.jp/23364/

本書をお読みいただいたご感想を上記URLからお寄せください。
本書に関するサポート情報やお問い合わせ受付フォームも掲載しておりますので、あわせてご利用ください。

アートディレクション ……… 細山田 光宣
デザイン ……………………… 千本 聡、鎌内 文（株式会社 細山田デザイン事務所）
組版 …………………………… クニメディア株式会社
編集 …………………………… 小平 彩華

○本書の内容の実行については、すべて自己責任のもとで行ってください。内容の実行により発生するいかなる直接、間接的被害について、著者およびSBクリエイティブ株式会社、製品メーカー、購入した書店、ショップはその責を負いません。
○本書の内容に関するお問い合わせに際して、編集部への電話によるお問い合わせはご遠慮ください。

シン・インスタ運用術
アカウントを成功に導く5つの戦略

2024年 9月12日 初版第1刷発行

著者	株式会社トライバルメディアハウス　久保杏菜
発行者	出井 貴完
発行所	SBクリエイティブ株式会社
	〒105-0001　東京都港区虎ノ門2-2-1
	https://www.sbcr.jp
印刷・製本	株式会社シナノ

落丁本、乱丁本は小社営業部にてお取り替えいたします。定価はカバーに記載されております。

Printed in Japan ISBN 978-4-8156-2336-4